W0066271

Der Selbstversorger Balkon

Frisch ernten und genießen

MICHAEL BRECKWOLDT

blv

Was Sie in diesem Buch finden

Verwertung

Die Ernten verwerten

Anhang

Selbstversorgung in der Stadt

In jüngster Zeit erleben die Gärtnereien einen Boom mit jungen Gemüsepflanzen und Saatgut. Immer mehr Menschen wollen ihre Nahrung selbst heranziehen. Sie wünschen sich unverfälschte Lebensmittel, ungewöhnliche Geschmackserlebnisse oder schlicht konkurrenzlose Frische.

Haben Sie es schon ausprobiert? Tütchen aufreißen, Samen in die Erdrille gleiten lassen und dann die Erde darüber glatt streichen. Toll, wenn sich die ersten grünen Spitzen durch die Krume bohren. Ein Fest gar, wenn schließlich fertige Radieschen und Möhren herausgezogen werden. Zugegeben, es gibt einfachere Wege, um an Gemüse heranzukommen. Doch dann fehlt das Kribbeln, diese Mischung aus Lust an der Selbstversorgung und Erzeugerstolz. Und Sie verzichten auf den Hochgenuss, spontan auf leckere, knackige Lebensmittel zugreifen zu können.

Einer, für den dieses Gefühl zeitlebens wichtig war, ist der britische Star-Designer Terence Conran, Gründer der Möbelhausketten »Habitat« und »Conran Shop« sowie Betreiber einer Reihe vorzüglicher Restaurants in England. Schon als Kind färbte die Faszination seiner Eltern, die es liebten, Gemüse selbst heranzuziehen, auf ihn ab. Später lernte er das außergewöhnliche Aroma von frisch Geerntetem zu schätzen. Noch heute unterhält er daher einen eigenen Küchengarten auf seinem Anwesen Barton Court, knapp 100 Kilometer westlich von London.

Vor Jahren zeigte Conran dann, dass die Selbstversorgung auch mitten in der Stadt auf kleinem Raum funktioniert. Damit stieß er einen Trend an, der sich gerade vollends entfaltet. Seine Ideen präsentierte er schon 1999 auf der Chelsea Flower Show, dem weltweit renommiertesten Gartenfestival in London, mit der Gestaltung eines Dachgartens. Dort wuchs alles, was das Herz begehrt: Erdbeeren, Spargel, Kartoffeln, Auberginen, Tomaten, Zucchini, viele Salatsorten, Artischocken, fast alle Obstarten und die wichtigsten Kräuter. 46 jeweils quadratmetergroße Behälter aus verzinktem Stahl bildeten das graphische Raster kleiner Beete.

Was der Designer in seinem Wettbewerbsbeitrag für die Show großzügig bemessen hatte, ist problemlos auch auf kleinere Flächen übertragbar. Seine Vorstellungen präzisierte Conran in seinem Buch »Chef's Garden«. Das Resümee daraus: »Die Selbstversorgung macht nicht nur viel Spaß. Sie verleitet auch dazu, Sorten auszuprobieren, die kein Supermarkt führt. So kommt man zu völlig neuen Geschmackserlebnissen.« Das ist die Sichtweise eines Gourmets. Zudem weiß Conran als Restaurantbetreiber, wie schwer es für die Branche ist, absolut frische Lebensmittel mit herausragendem Aroma zu bekommen. Wachsen diese Lebensmittel vor der eigenen Haustür, darf man sich fühlen wie Gott in Frankreich.

Michelle Obama, die Gattin des amtierenden amerikanischen Präsidenten, verfolgte andere Ziele, als sie 2009 einen Teil des gepflegten Rasens am Weißen Haus umbrechen ließ, um Salat, Kohl, Bohnen und anderes Gemüse mithilfe tatkräftiger Schulkinder anzupflanzen. Der First Lady ging es nicht um eigene Gaumenfreuden, sondern um die Gesundheit der Bevölkerung. Etwa 120 Mrd. Dollar kosten den amerikanischen Staat jedes Jahr ernährungsbedingte Krankheiten wie Fettsucht, Diabetes, Bluthochdruck und Herzinsuffizienz. Die Anfälligkeit dafür nimmt rapide zu, wenn Kinder falsch ernährt werden. Obamas Appell richtet sich daher an die Eltern. Sie sollen dafür sorgen, dass ihr Nachwuchs etwas Vernünftiges zu essen bekommt, also vor allem frisches Gemüse. Dafür ist ein Garten zur Selbstversorgung hilfreich.

Frisches, gesundes Gemüse wie diese verschiedenfarbigen Radieschen erntet man am besten aus eigenen Beeten.

Gemeinschaftliches Gärtnern

Einer der maßgeblichen Wegbereiter für einen Ernährungswandel in den USA ist Michael Pollen, zu dessen Fans auch die Präsidentengattin zählt. Die Bücher des 57-jährigen Publizisten sind Mega-Bestseller. Er selbst wird inzwischen als eine Art Guru gefeiert, der es schafft, komplexe Ernährungsfragen einfach darzustellen. In einem Gespräch mit dem »Spiegel« (Der Spiegel Wissen Nr. 3/2009 zum Thema »Was wirklich gesund ist: Frischer essen«) erklärt er, woran man sich selbst am besten orientiert. So solle man zwischen Lebensmitteln und Inhaltsstoffen unterscheiden. Wenn segensreiche Inhaltsstoffe propagiert werden, so soll man nicht Produkte kaufen, denen diese zugesetzt wurden, sondern solche, die diese von Natur aus in sich haben. »Früchte isst man am besten so, wie man sie in der Natur findet. Dazu muss die Industrie nicht angeblich gesunde Stoffe wie Antioxidantien in einem Junk Food platzieren«, sagt Pollen. Obst und Gemüse gehören für ihn zur essenziellen Nahrung. »Das andere, etwa künstlicher Joghurt in der Tube, sind verarbeitete Substanzen, die die Bezeichnung Lebensmittel nicht verdient haben.«

In vielen US-amerikanischen Städten seien regelrechte Lebensmittelwüsten entstanden, sagt Michelle Obama auf »You Tube« am 16. Juni 2009 anlässlich des ersten Erntefestes im Weißen Haus. Frische und gesunde Nahrung wäre nicht mehr zu bekommen, weil Geschäfte nur Convenience Food anbieten würden. Daher sei sie froh über einen neuen Trend: Viele amerikanische Kommunen stellen den Bürgern Land zur Verfügung, das diese zum Anbau von Obst und Gemüse nutzen dürfen. Von diesen sogenannten Community Gardens besäße das Land mittlerweile mehr als eine Million, so Michelle Obama.

Dieser Trend, städtische Brachflächen in Selbstversorgergärten zu verwandeln, breitet sich auch in Deutschland aus. »Community Gardens« heißen hier »Gemeinschaftsgärten«. Zählt man die Interkulturellen Gärten hinzu, in denen Menschen verschiedener Herkunft Obst und

Gemüse anbauen, findet man bundesweit einige Hundert dieser Projekte.

In Berlin arbeitet die Initiative Prinzessinnengarten im Stadtteil Kreuzberg an solch einer gemeinschaftlich gestalteten grünen Zukunft. Die beiden Initiatoren, Robert Shaw und Marco Clausen, setzen der tristen städtischen Realität verschmutzter Böden, versiegelter Flächen und kurzfristiger Pachtverträge ein Konzept mobiler Beete entgegen. Diese lassen sich sogar auf reinen Betonflächen, z. B. Parkdecks aufbauen, und sind so leicht zu bewegen, dass sie jedes Jahr den Ort wechseln könnten. Einzige Voraussetzung ist ein sonniger Ort mit Wasseranschluss. Mehr dazu ab Seite 106. Betrieben wird das Projekt von der gemeinnützigen GmbH »Nomadisch Grün«, die mittlerweile auch einen Ableger in Hamburg gestartet hat (siehe www.gartendeck.de).

Andere Menschen nutzen das Angebot stadtnaher Bauern, die unter dem Stichwort »GemüseSelbstErnte« ein Stück Ackerscholle verpachten. In der Regel sind die Parzellen schon mit vielen Gemüse- und Kräuterarten in Bioqualität bepflanzt, sodass man nur deren Pflege und Ernte übernehmen muss. Die Bauern stellen Geräte und das Wasser zum Gießen zur Verfügung, geben praktische Tipps und beantworten den Greenhorns unter den Gärtnern alle wichtigen Fragen.

Gemüseanbau auf dem Dachgarten: 1999 zeigte der britische Designer Terence Conran auf der Chelsea Flower Show, wie man in quadratmetergroßen Behältern aus verzinktem Stahl Gemüse selbst anbauen kann.

Die eigene Ernährung selbst in die Hand nehmen

Die Motivationen für das Gärtnern sind vielschichtig. »Sie reichen vom Wunsch, sich gesund zu ernähren, einen Naturraum mitten in der Stadt zu gestalten, der Nachbarschaft zu begegnen, praktische Beiträge gegen die Abholzung von Urwald für die Nahrungsmittelversorgung der nördlichen Halbkugel zu leisten bis hin zur Diskussion der Frage, für welche Zwecke die Kommunen ihre Flächen zur Verfügung stellen sollen«, schreibt Christa Müller in ihrem Sammelband »Urban Gardening«. Es geht also schon längst nicht mehr nur um persönliche Glücksgefühle, die man beim Anbau von eigenem Grünzeug erleben möchte. Angesichts einer global vernetzten Welt wirken sich Weichenstellungen innerhalb der Agrarindustrie am Ende an jedem Ort des Globus aus. So werden wir in nächster Zeit wohl zunehmend mit Nahrungsmittelknappheit zu tun haben, weil der Fleischkonsum in Ländern wie China und Indien zunimmt und damit der Bedarf an Futtermitteln, weil der Anbau von Biokraftstoffen mit den Agrarflächen für Lebensmittel konkurriert und weil die fortschreitende Ölknappheit zur Verteuerung von Kunstdüngern und Pflanzenschutzmitteln führt. Davon bleiben auch wir Menschen in der westlichen Welt nicht verschont.

Es ist also absehbar, dass die Zeit billiger Lebensmittel vorbeigeht. Der Wert der Nahrung, vor allem gesunder, nimmt jetzt schon erkennbar zu. Es liegt daher nahe, die

Im Berliner Prinzessinnengarten werden Kartoffeln, Kräuter und allerlei Gemüsearten in ausrangierte Bäckerkisten gepflanzt. Diese Minihochbeete lassen sich bei Bedarf an andere Orte transportieren.

eigene Ernährung mehr in die eigenen Hände zu nehmen – und das ganz praktisch. Das Gärtnern vor der Haustür schont außerdem noch die Ressourcen: Jeder selbst geerntete Salat spart Kohlendioxid und Energie, die anfallen würden, wenn gekühltes Gemüse Tausende Kilometer weit über Meere und Kontinente hinweg transportiert wird.

Geradezu weitsichtig schrieb die britische Gärtnerin und Autorin Joy Larkcom schon vor fast 30 Jahren: »Die Gemüsekultur in Gefäßen gewinnt in Anbetracht immer kleiner werdender Gärten und vieler Hobbygärtner, die sich mit einem Innenhof, Dachgarten, Balkon oder nur mit einem Blumenfenster zufrieden geben müssen, zunehmend an Bedeutung.« Sie empfiehlt dafür vor allem

schnell wachsende, flach wurzelnde Arten wie Pflück- und Schnittsalate sowie Kräuter und Tomaten. Heute sind die Möglichkeiten noch vielfältiger, weil neben neuen Arten wie den Asia-Salaten auch viele alte, fast vergessene Gemüsevarietäten wieder entdeckt werden.

Neben dem sinnlichen Genuss, in der Erde zu wühlen und dem Erfolgserlebnis des Erntens spricht noch mehr für diese neue Versorgungskultur, für diese Lust daran, »von der Hand in den Mund« zu leben. Wir holen uns damit ein Stück eigene Ernährungssouveränität zurück, die wir bisher leichtfertig an eine global agierende Nahrungsmittelindustrie abgegeben haben.

Für den Anbau von Gemüse sind kleine Beete wie diese simplen Beetkästen aus Holz Töpfen und Kisten vorzuziehen. Sie bieten den Pflanzen mehr Volumen und sind leichter zu Bewässern.

Nutzgarten auf kleinem Raum

Wie ist es möglich, sich mit Gemüse und Kräutern selbst zu versorgen, wenn nur Kisten und Töpfe als Beete zur Verfügung stehen? Es braucht dafür schon mehr als nur einige Tomatenpflanzen und eine x-beliebige Erde aus dem Baumarkt. Wie Sie den Anbau so clever planen wie ein Profi, das erfahren Sie auf den nächsten Seiten.

Die erste Frühlingssonne weckt auch in vielen Stadtmenschen die unwiderstehliche Lust zu Gärtnern. Blumenkästen und Tontöpfe werden entstaubt. Die Saatgutständer in den Supermärkten, die jetzt überall unübersehbar stehen, üben plötzlich eine magische Anziehungskraft aus.

Dieses Jahr sollen mehr Salate, Kräuter und anderes Gemüse in die Blumentöpfe kommen. Essbare Blumen wären dazu eine passende Ergänzung. Sie sehen nicht nur in Töpfen schön aus, ihre Blüten lassen sich auch gut zum Dekorieren von Gerichten verwenden und können dann sogar mitgegessen werden. Die Vorstellung, direkt vom Balkon frisches, duftendes Grünzeug ernten zu können, lässt das Wasser schon beim bloßen Denken daran im Mund zusammenlaufen.

Ein bisschen zur eigenen Selbstversorgung beizutragen, das klingt reizvoll. Doch reichen die Balkonkästen überhaupt, um daraus nennenswerte Erträge zu erzielen? Der Salat soll ja nicht vor sich hin kümmern und die Möhren nicht nur ins Kraut schießen. Wenn schon Eigenanbau, dann soll das Grünzeug auch üppig sprießen – und dafür ist die Grundausstattung vieler Balkone unzureichend. Und mit einem Sammelsurium diverser Töpfe ist einfach kein vernünftiger Anbauplan

zu machen! Dafür eignen sich kleine Beete viel besser – und diese sind viel leichter zu haben, als man denkt.

Eine Nahrungsmittelgrundlage schaffen

Zum Beispiel lassen sich Kisten dafür verwenden, mit etwas Teichfolie ausgeschlagen, damit die Erde nicht herausrieselt. Der Boden muss allerdings frei bleiben, damit das Wasser ablaufen kann. Der Handel bietet für wenig Geld Beet-Taschen in verschiedenen Größen. Mit einem Henkel dran lassen sie sich, selbst wenn sie bepflanzt sind, noch beliebig versetzen. In ihnen sprießen schon im April Radieschen und ab Mai bieten sich knackige Salatblätter zum Schnitt. Werden die Beet-Taschen nicht mehr gebraucht, faltet man sie einfach zusammen. Doch das wird gar nicht nötig sein, wenn man im nächsten Jahr wieder für frischen Nachschub vom Balkon sorgen will. Dann bleibt die Erde einfach drin, sie wird im Frühjahr nur ein wenig gelockert und erhält frischen Dünger – das ist Gärtnern wie in einem richtigen Garten.

Wie verwandelt man Gefäße in Beete?

Gedeiht Gemüse am besten in von Bauern eigens dafür hergerichteten Beeten? Diese Frage kann man wohl getrost mit Nein beantworten. Vielleicht trifft es beim Gemüseanbau im großen Maßstab zu. Doch es gibt dazu auch eine Reihe kleinerer Varianten, mit denen sich Nutzpflanzen äußerst effektiv heranziehen lassen. In der Stadt befriedigen die traditionellen Gemüsebeete der Kleingartensiedlungen das Interesse der Menschen an selbst gezogenen, gesunden Nahrungspflanzen schon lange nicht mehr.

So entsteht mittlerweile eine Reihe von Alternativen, wie es unter anderem der Prinzessinnengarten in Berlin zeigt (siehe Seite 106 ff.). Da der städtische Boden meist versiegelt oder in hygienisch zweifelhaftem Zustand ist, entwarfen die Prinzessinnengärtner ein Anbausystem, das unabhängig vom Untergrund funktioniert. Sie stapelten

Die eckigen Behälter sind im Stil einer Mischkultur bepflanzt. Gemüse, Kräuter und Blumen teilen sich den Platz.

Kunststoffkisten zu Hochbeeten und füllten diese mit eigenen Erdmischungen. Jedes der »Beete« hat eine Grundfläche von nur 1,20 × 0,80 Meter. Sie würden also auch problemlos auf einen Balkon passen! Dies bietet ganz neue Perspektiven: Ein Balkon mit Beeten! Bislang fand man dort im besten Falle Heerscharen von Töpfen. Jetzt können Balkongärtner den Raum noch besser nutzen, denn ihnen stehen nicht nur unterschiedliche Gefäße, sondern auch verschiedene Systeme zur Verfügung. Damit lassen sich auch Fußboden, Hauswand und Balkongitter in die Anbauplanung mit einzubeziehen.

Den eigenen Raum individuell nutzen

- **Runde Töpfe** können einzelne Pflanzen aufnehmen, z. B. Kräuter wie Rosmarin und Salbei oder Beerenobststräucher und diese optimal in Szene setzen – für den Betrachter und zur Himmelsrichtung mit der besten Sonneneinstrahlung.
- **Eckige Behälter** lassen sich so platzieren, dass kaum Zwischenräume verschenkt werden. Zudem eignen sie sich gut für das Aussäen in Reihen.
- Schon eine **Etagere,** auf der die Gefäße treppenförmig hintereinanderstehen, schafft mehr Fläche. Außerdem erhalten die Pflanzen dort mehr Licht, als wenn sie auf dem Boden stehen würden.
- **Balkonkästen** ermöglichen die Kultur von Pflanzen am Balkongitter, und das in angenehmer Arbeitshöhe. Übliche Kästen sind 15 cm hoch und ebenso tief und bestehen aus Kunststoff. Diese Kästen können sich im Sommer auf bis zu 40 °C und mehr aufheizen. Kästen aus Holz und Eternit werden nicht so heiß. Man erhält auch große Kästen mit mehr Volumen – die Pflanzen werden es Ihnen danken und das Bewässern erfordert ebenfalls weniger Aufwand, da die Pflanzen dort besser für sich selbst sorgen können.
- **Kisten,** egal, ob sie aus Holz oder Kunststoff bestehen, lassen sich leicht zu kleinen Beeten umfunktio-

nieren. Wird die Innenfläche mit Vlies ausgeschlagen, kann keine Erde mehr herausrieseln, überschüssiges Wasser dagegen kann noch austreten.

- **Beet-Taschen** und **Weidenboxen** wurden speziell zum Gemüse- und Kräuteranbau auf kleinem Raum entwickelt. Die Beet-Taschen gibt es mit einem Fassungsvermögen von 11 bis 140 Litern. Sie bestehen aus festem, wetterbeständigem Polypropylen-Gewebe – einem Kunststoff, der auch in der Lebensmittelindustrie verwendet wird. Die Weidenboxen sind im Grunde eine Erweiterung der Beet-Taschen. Denn ihre Innentasche, ebenfalls wetterbeständiges Polypropylen-Gewebe, wird nur noch von einem Weidengeflecht umgeben. Dieser Rahmen sorgt für eine Optik im Landhauslook. Auch die Weidenboxen erhält man in Größen von 11 bis 140 Litern.

- Die **Bacsac Pflanztaschen** entwickelte der französische Designer Godefroy de Virieu zusammen mit zwei Landschaftsgärtnern, um Beete im städtischen Umfeld, etwa auf Dächern und Balkonen, leichter anlegen

Die kleine Beet-Tasche fasst 11 Liter Erde. In ihr lassen sich die wichtigsten Küchenkräuter kultivieren.

Die originellen Tonröhren haben eine gute Höhe. Darin fühlen sich Salate mit ihren tief reichenden Wurzeln wohl.

Wie in einem Beet bietet die große Weidenbox unterschiedlichen Gemüsearten ausreichend Raum zur Entfaltung.

zu können. Die hochwertigen Behälter bestehen aus speziell verstärktem Geotextilgewebe. Man erhält sie in Größen von mehr als 500 Litern.

- **Säcke** eignen sich gut für die Kultur von **Kartoffeln**. Die englische Firma Haxnicks bietet dafür sogar spezielle Modelle an. Sie haben ein Fassungsvermögen von 40 Litern, bestehen aus farbigem Polyäthylen, sind am Boden mit Löchern versehen und für drei bis fünf Pflanzkartoffeln ausgelegt. Alternativ lassen sich auch Laub- und Reissäcke verwenden. Falls nötig, müssen dort nur noch Abzugslöcher in den Boden geschnitten werden.
- **Maurerkübel** werden in runder und eckiger Form angeboten. Vor dem Befüllen mit Erde müssen in den Boden große Löcher gebohrt werden, damit überschüssiges Wasser nach dem Gießen abfließen kann. Das gilt im Übrigen für alle Gefäße: Sind keine Ab-

flusslöcher vorhanden, müssen diese nachträglich geschaffen werden. Die schwarzen Behälter können weiß gekalkt oder angestrichen werden. Dann erhitzen sie sich nicht so stark und sehen etwas hübscher aus.

- **Tisch-Beete** werden meist nach eigenen Vorgaben von einem Tischler gezimmert. Es handelt sich um einen mindestens 20 Zentimeter tiefen Kasten, der auf Beinen steht. Die Tisch-Beete könnten auch leicht geneigt sein, um die Sonneneinstrahlung besser auszunutzen.
- **Hochbeete** faszinieren durch ihre Vielseitigkeit. Sie nehmen organische Abfälle wie Holzschnitt, Laub, Gras und Grünabfälle auf und verwandeln diese allmählich zu Kompost. So werden wertvolle Nährstoffe freigesetzt und der Boden erwärmt sich – das schafft optimale Wachstumsbedingungen. Davon profitieren die Pflanzen, die in der obersten Erdschicht auf den

Platzsparend: Beim vertikalen Gärtnern in speziellen Pflanztaschen werden auch die Wände genutzt.

Rückenschonend: Tischbeete heben das Niveau. So sind die Pflanzen leichter zugänglich.

Hochbeeten wachsen. Sie reifen schneller heran als auf herkömmlichen Beeten, denn die Bodentemperatur kann auf dem Hochbeet bis zu 8 °C wärmer sein als in der Umgebung. Das zahlt sich vor allem im Frühjahr aus. Zusätzlich kann das Hochbeet mit einem kleinen Folientunnel überspannt oder mit Fenstern abgedeckt werden.

In der Regel sind Hochbeete knapp tischhoch, sodass man sich bei der Arbeit nicht bücken muss. Sie bleiben von Schnecken verschont. Den lästigen Nebenbuhlern um zarte Salatblätter ist der Weg über die rauen Außenwände offensichtlich zu beschwerlich. Der Handel bietet eine Reihe unterschiedlicher Modelle an. Die meisten bestehen aus Holz. Sie werden in der Regel als Bausatz geliefert und sind schnell aufgebaut. Darüber hinaus lassen sich Hochbeete auch aus Mauern errichten.

■ **Vertikale Gärten** oder *Vertical Gardening* sind relativ junge Spielarten. Es geht darum, auch die Wände als Pflanzfläche mit einzubeziehen. Bislang haben das vor allem Kletterpflanzen bewerkstelligt. Auch einige Gemüsearten können an Gerüsten empor klimmen z. B. Kletterzucchini, kletternde Kapuzinerkresse und Bohnen. Jüngst wurden spezielle Module kreiert, die fast die gesamte Wandfläche zu einem senkrechten Beet machen. Sie sind in Reihen übereinander angeordnet, fest miteinander verbunden, frei stehend und können auch direkt an der Wand befestigt werden. Eine automatische Bewässerung vorsorgt die Pflanzen in den eher engen Pflanzmulden optimal mit Feuchtigkeit. In England heißen diese grünen Wände schon »vertikaler Kleingarten«. Denn in ihnen werden nicht nur Kräuter, sondern jegliche Art von Gemüse und sogar Möhren angebaut.

Diese Säcke wurden speziell für den Anbau von Kartoffeln entwickelt. Sie haben am Boden Löcher.

In den kleinen Hochbeeten bleibt das Gemüse von Schnecken weitestgehend unbehelligt.

WIE WIRD EIN HOCHBEET ERRICHTET UND WOMIT WIRD ES BEFÜLLT?

Für Hochbeete gilt wie für alle anderen Gefäße auch: Das Wasser muss abfließen können. Sie müssen also unten offen sein, sonst wird schnell ein sumpfiger Tümpel daraus. Im Garten kann das Wasser aus dem Hochbeet im Erdreich versickern.

Dennoch sollte man mithilfe eines Drahtgeflechtes, z. B. aus Kaninchendraht, eine Sperre einziehen, die verhindert, dass Ratten oder Wühlmäuse einwandern. Diese Gefahr besteht auf einem festen Untergrund wie auf einer Terrasse oder einem

Balkon nicht. Dort sollte man ein Vlies oder eine Folie aus Bändchengewebe auf den Boden legen. Es wird dann am Rahmen des Hochbeets fixiert, sodass keine Erde ausschwemmen kann. Die Seitenwände können mit Teichfolie ausgekleidet

Wie Frühbeete geben auch Hochbeete Wärme an die Pflanzen ab und lassen das Gemüse schneller gedeihen. Die Energie entsteht in den tieferen Bodenschichten, in denen die organischen Abfälle allmählich verrotten.

werden, um das Holz vor dem Verrotten zu schützen.

Entscheidend für die gute Rotte im Beet ist der schichtförmige Aufbau der Füllung. Bei einer Höhe von 80 Zentimeter bestehen die untersten 30 Zentimeter aus zerkleinerten Ästen, Zweigen, Holzhäcksel und trockenen Staudenstängeln. Es dürfen auch Papier und Pappe dazwischengemischt werden. Grobes Material kommt ganz nach unten, darauf wird das feinere geschichtet. Die nächste etwa 20 Zentimeter starke Schicht ist Laub, Grasschnitt, Grassoden und frischen Abfällen aus Küche und Garten vorbehalten.

Die nächsten 20 Zentimeter bilden schon den Wurzelraum der Pflanzen. Sie werden aus halb verrottetem bzw. grobem Kompost gebildet. Die oberste Schicht (mindestens 10 Zentimeter stark) besteht aus feiner Komposterde, Mutterboden oder einer möglichst nährstoffarmen Blumenerde, denn dort sollen die Aussaaten keimen und Gemüsejungpflanzen heranwachsen.

Im Laufe des ersten Jahres sackt das Erdreich um etwa 20 Zentimeter ab. Hat man die einzelnen Schichten nicht gut verdichtet, ist der Setzungsgrad sogar noch stärker. Die fehlende Erde wird einfach wieder

aufgefüllt, wenn man das Beet das nächste Mal mit Pflanzen bzw. Samen bestückt.

Ändert sich die Gesamthöhe des Hochbeets, variieren die unteren beiden Füllschichten. Plant man es z.B. nur 60 Zentimeter hoch, verschmelzen die Füllschichten zu einer einzigen 30 Zentimeter starken Schicht, die sich aus Zweigen, Holzhäcksel, Laub, Grasschnitt und frischen Abfällen aufbaut. Bei größeren Höhen kommt entsprechend mehr Material in den Untergrund. Wichtig ist, dass für die Pflanzen an der Oberfläche eine mindestens 30 Zentimeter tiefe Bodenschicht zur Verfügung steht.

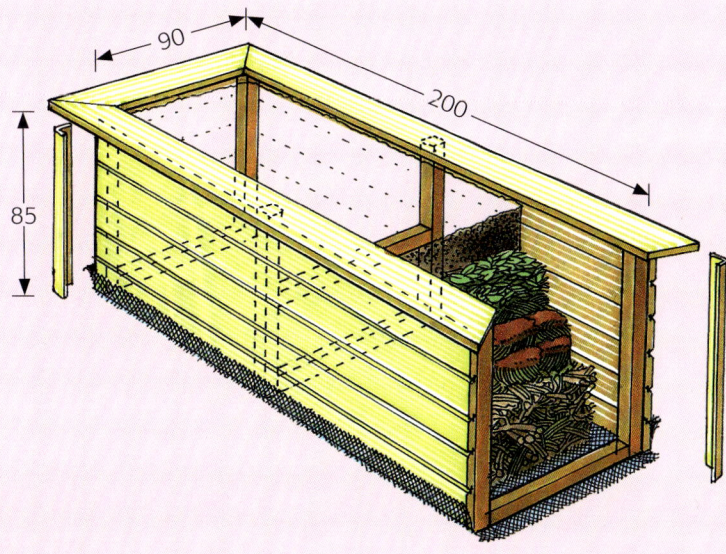

Das Hochbeet wird in mehreren Schichten befüllt. Ganz unten grob zerkleinerte Zweige, darüber grobes bis feines Häckselgut, dann Kompost und Erde.

Welche Erde ist geeignet?

Mit Ausnahme der Hochbeete muss für die jeweiligen Gefäße noch eine passende Erde gefunden werden. Was soll man nehmen? Da der Markt schier unübersichtlich erscheint, hier zunächst ein paar grundsätzlich Hinweise.

Gartenbesitzer haben es vergleichsweise leicht. Sie nehmen mit dem gewachsenen Boden Vorlieb und hoffen, dass er fruchtbar ist. Glück haben sie, wenn es sich um einen guten Mutterboden handelt. Dieser ist an der tiefschwarzen Farbe zu erkennen, die auf hohe Humusgehalte verweist. Humus entsteht, wenn der

Boden über lange Zeit viel organische Substanz bekommt, z. B. durch Kompost. Daher sollte jeder Gartenbesitzer die Gemüsebeete jährlich gut mit Kompost versorgen. Das reichert den Boden mit Nährstoffen an und schafft ein optimales Porengefüge. In den Poren spielt sich der Luft- und Wasserhaushalt ab – ein für das optimale Pflanzenwachstum nicht zu unterschätzendes Wechselspiel, das vor allem für Topferden von herausragender Bedeutung ist.

Naheliegend wäre es daher, einfach guten Mutterboden aus dem Garten zu nehmen und ihn in Töpfe zu füllen.

Topferden wurden von den Gärtnern schon immer nach speziellen Rezepturen gemischt. Die Tomaten bekommen hier eine Mischung, die aus Torf, Kompost und hellem Perlite-Granulat besteht.

Doch das geht nicht. Denn physikalische Zusammenhänge wirken sich innerhalb eines engen Topfes anders aus als im tiefgründigen, gewachsenen Boden. Ein Bild kann das verdeutlichen. Man stelle sich ein mit Wasser gefülltes Spülbecken vor und einen Schwamm, der darin schwimmt. Zieht man den Stöpsel, läuft das Becken leer, der Schwamm aber bleibt nach wie vor mit Wasser vollgesogen. Physikalisch gesehen verhält sich ein mit Erde gefüllter Blumentopf wie ein Schwamm. In gesättigtem Zustand tropft das Wasser nicht heraus, selbst wenn man den Topfballen hoch nimmt. Das hat mit der Saugspannung bzw. Kapillarwirkung innerhalb des Schwamms bzw. der Topferde zu tun: Die Poren halten das Wasser gegen die Schwerkraft fest und lassen es nicht abfließen. Diese Spannung nimmt zu, je feiner die Poren sind.

Durch leichtes Drücken trieft in unserem Beispiel ein Teil des Wassers aus dem Schwamm heraus. Die Poren mit der geringsten Saugspannung sind nun mit Luft statt mit Wasser gefüllt. Dagegen rauscht im Gartenboden das Wasser, etwa nach einem heftigen Wolkenbruch, aus den großen Poren fast ohne Widerstand in die Tiefe – vorausgesetzt, der Boden ist nicht verdichtet.

Anders sieht es im Topf aus, wie das Schwammbeispiel zeigt. Die Erde am Topfboden ist aufgrund der Saugspannung vollkommen mit Wasser gesättigt. Dieser Bereich wirkt wie eine Sperre, die den freien Abfluss verhindert. Nach oben zu nimmt der Sättigungsgrad jedoch ab – wie stark, hängt von der Höhe des Topfes und der Anzahl der großen Poren ab, denn die großen Poren füllen sich schnell wieder mit Luft. Dies ist für die Wurzeln der Nutzpflanzen überlebenswichtig.

Ein Mutterboden bietet den Pflanzen im Garten zwar ein optimales Gefüge. Für die besonderen Verhältnisse im Topf ist er jedoch weniger geeignet, denn der Anteil an Grobporen (den großen Poren) ist dafür zu gering. Dort würden die Pflanzen nur unzureichend mit Wasser und Sauerstoff versorgt.

Für Töpfe braucht es spezielle Erdmischungen

Diese Zusammenhänge haben Gärtner schon früh erkannt. Deshalb mischten sie ihre Topferden stets nach speziellen Rezepturen; zuerst aus gut verrottetem Laub, Kompost, Sand und Lehm, bis vor etwa 50 Jahren der Siegeszug des Torfes begann. Die Struktur des faserigen Naturprodukts, das aus trockengelegten Mooren gewonnen wird, revolutionierte den Markt der Erden. Denn das immens große Porenvolumen von Torf verschafft Topfpflanzen ein ideales Angebot an Wasser und Luft.

Aufgrund nachlassender Torfreserven sind die Qualitäten mittlerweile sehr unterschiedlich. In die Billigeren kommt meist der Bodensatz aus dem Torfabbau: stark zersetzter Schwarztorf, der nicht selten mit Holzstücken durchsetzt ist. Markenprodukte kennzeichnet dagegen ein hoher Anteil an lockerem, faserigem Weißtorf.

Torf besitzt im Hobbygartenmarkt auch wegen seines geringen Gewichts einen hohen Stellenwert. Ursprünglich wurde in gärtnerische Torferden zur Hälfte noch Ton und Sand gemischt – nicht zuletzt, um die Standfestigkeit der Pflanzen zu verbessern. Doch wer hat schon Lust, zentnerschwere Säcke nach Hause zu schleppen. So werden eben auch die Nachteile von Torf in Kauf genommen: Er lässt sich nur schwer wieder befeuchten, wenn er völlig austrocknet. Sand etwa, den man nachträglich zu mindestens 10 Prozent untermischen kann, schafft dagegen Abhilfe. Er verbessert auch die Standfestigkeit junger Pflanzen.

Zum Schluss noch ein kleiner Hinweis: Wenn hier von Torf die Rede ist, sind immer spezielle Erden auf Torfbasis gemeint und nicht der Rohstoff Torf. Diese Erden sind immer so präpariert, dass Pflanzen darin gut gedeihen. Der rohe Torf ist dagegen extrem sauer. Er wird überwiegend in größeren Ballen angeboten und ist nur für Pflanzen geeignet, die sich in einem sauren Milieu wohl fühlen, wie Rhododendren und Heide. Entsprechend ist auch Rhododendrenerde für den Anbau von Gemüse und Kräutern ungeeignet, weil sie zu sauer ist.

Neben Torf gibt es weitere Zuschlagsstoffe, aus denen Blumenerden gemischt oder mit denen vorhandenen Erden verbessert werden können:

- **Ton:** Wie Sand verbessert auch Ton die Fähigkeit einer Torferde, nach dem Austrocknen wieder Feuchtigkeit aufzunehmen. Zudem erhöht Ton die Wasserhaltefähigkeit eines Bodens und die gleichmäßige Versorgung der Pflanzen mit Nährstoffen. Die besten Eigenschaften besitzen Tonminerale wie Vermiculit und Montmorillonit (dieser ist in gemahlener Form als **Bentonit** auf dem Markt). Optimal sind Beimischungen von 10 bis 20 Vol.%.
- **Perlite:** Das vulkanische Ausgangsmaterial wird durch langsames Erhitzen zu einem porösen Granulat von grau-weißer Farbe aufgebläht. Es verbessert die Strukturstabilität und die Luftkapazität von Topferde. Dazu sollten etwa 20 Vol.% beigemischt werden. Mit Perlite können auch lichtbedürftige Samen nach der Aussaat dünn bedeckt werden. Es hält sie feucht und verdunkelt kaum. Nur speziell für den Gartenbau zertifiziertes Perlite (am besten mit RAL-Siegel) verwenden, sonst kann es zu Schäden an den Pflanzen kommen, z.B. aufgrund hoher Salzkonzentrationen.
- **Kokoserde:** Mittlerweile ersetzen einige Kokoserden Torf schon gänzlich. Sie werden zum Beispiel in komprimierten Blöcken angeboten. Mit Wasser vermischt quellen sie zu lockeren Blumenerden auf. Die Eigenschaften von Kokos sind mit denen von Torf vergleichbar. Die Fasern sorgen in der Erde für gute Durchlüftung und die feinen Bestandteile, insbesondere der Kokosstaub, für eine gute Wasserversorgung. Zusammen mit Rindenhumus und Grünkompost ist Kokos häufig ein Bestandteil (mind. 50 Vol.%) torffreier Erden.
- **Rindenhumus:** Mit zerkleinerter Rinde (Rindenmulch) lässt sich ein Boden gut abdecken, also mulchen, aber nicht auflockern. Dafür muss die Rinde erst in Mieten lagern und mithilfe von Mikroorganismen zersetzt werden. Dann wird daraus wertvoller Rindenhumus, der die Durchlüftung und Wasserdurchlässigkeit einer Erde fördert sowie für Strukturstabilität sorgt, also verhindert, dass diese bald in sich zusammensackt. Allerdings ist die Wasserhaltekraft nicht sehr ausgeprägt, sodass Pflanzen in Erden aus Rindenhumus häufiger gegossen werden müssen als solche in Torf. Zudem sind im Rindenhumus relativ viele Nährstoffe enthalten, was ihn für Aussaaten und salzempfindliche Kulturen wie Salat ungeeignet macht.
- **Kompost:** Früher spielte Kompost als Topferde eine relativ große Rolle. Heute ist man skeptischer, weil sich die Nährstoffgehalte im Kompost nur schwer kalkulieren lassen. Daher betrachtet man Kompost vor allem als Dünger. Möchte man ihn dennoch in Gefäßen verwenden, sollte man versuchen, einen Grüngutkompost (bestehend aus Gartenabfällen, Gehölz- und Rasenschnitt) zu bekommen. Er ist einem Bioabfallkompost (dieser besteht zusätzlich noch aus Küchenabfällen und ist daher noch nährstoffreicher) vorzuziehen. Die relativ hohen Nährstoffgehalte im Kompost können für salzempfindliche Kulturen problematisch sein. Als Aussaaterde sollte man ihm daher Sand beimischen. Der Kompostanteil kann in einer Topferde zwischen 20 und 40 Vol.% liegen. Der Kompost sollte mit einem RAL-Gütezeichen versehen sein.

Woher bekommt man gute Topferden?

Der Handel bietet eine große Auswahl guter Erden an. Diejenigen aus Torf schaffen die besten Voraussetzungen für ein prächtiges Pflanzenwachstum, vorausgesetzt es handelt sich um einen grobfaserigen Torf. Da man nicht sieht, was in den Tüten steckt, sollte man sich an Markenprodukten orientieren. Mittlerweile erfüllen auch Erden die hohen Standards, in denen Torf durch Rindenhumus, Kokosfasern und andere Zuschlagsstoffe ersetzt werde. Pflanzen, die in vollkommen torffreien Erden herangezogen werden, müssen allerdings in der Regel häufiger gegossen werden.

Viele Blumenerden, vor allem wenn sie Blühpflanzen- oder Geranienerde heißen, sind stark aufgedüngt und teils mit sogenannten Langzeitdüngern versehen, die den ganzen Sommer über wirken. Davon profitieren Sommerblumen, die ohnehin monatelang davon zehren müssen. Unter den Gemüsearten brauchen nur Kartoffeln sowie ältere Tomaten-, Zucchini- und Kürbispflanzen ebenfalls hohe Nährstoffmengen. Kräuter, Gemüsejungpflanzen und Ausgesätes kommen damit nicht zurecht. Für sie benutzt man daher spezielle Aussaat- oder Kräutererden. Diese enthalten nur wenige Nährstoffe. Werden die Jungpflanzen erwachsen, müssen diese Erden der Kultur entsprechend nachgedüngt werden.

Es hat sich bewährt, zwei Erden zu kombinieren. So füllt man das Gefäß zuerst mit einer normalen Blumenerde und bedeckt nur die oberen zehn Zentimeter mit einer Aussaaterde. So kann das Gemüsesaatgut in einem nährstoffarmen Milieu keimen. Später, wenn die Pflanzen herangewachsen sind, erhalten sie aus den tieferen Schichten mehr Nährstoffe.

Auch Kübelpflanzen- und Grünpflanzenerden eignen sich gut als Basis für den Gemüseanbau. Sie sind in der Regel nur mäßig mit Düngern versetzt, was empfindlichen Gemüsearten und Kräutern entgegenkommt. Zudem schaffen sie eine gute Bodenstruktur. Denn diese Erden sind so konzipiert, dass sie den Pflanzen über einen längeren Zeitraum gute Wachstumsbedingungen bieten. Das kommt einer langen Nutzung zugute.

Werden die Erden schließlich in die Gefäße gefüllt, müssen sie verdichtet werden. Dazu staucht man sie mit den Händen oder Fäusten zusammen und presst sie fest in die Ecken. Anderenfalls würde die Füllung im Laufe der nächsten Wochen stark sacken. Das bekäme den jungen Pflanzen nicht gut. Ihre Wurzeln brauchen einen festen Halt und den finden sie nur, wenn die Erde in sich kompakt ist.

WAS PASSIERT MIT DER ERDE VOM VORJAHR?

Wie stark eine Topferde durchwurzelt wird, hängt von der Pflanzenart und der Topfgröße ab. Gemüsepflanzen bilden gewöhnlich keine so großen Ballen wie Sommerblumen, die über einen längeren Zeitraum in den Gefäßen wachsen. In größeren Behältern wird häufig nur ein Teil der Erde durchwurzelt. Dann besteht kein Grund, diese im folgenden Jahr auszutauschen. Vielmehr kann sie, wie ein Gartenboden auch, ein wenig aufgefrischt werden. Man muss sie düngen, damit den Pflanzen neue Nährstoffe zur Verfügung stehen. Ist die Erde in sich zusammengesackt, verfilzt und verdichtet, lockert man sie mit den Händen oder einem Kultivator auf. Bei dieser Gelegenheit lässt sich der Dünger untermischen. Gegebenenfalls wird etwas Erde aufgefüllt. Oder man mengt einen Zuschlagsstoff unter, der für eine gute Bodenstruktur sorgt – zum Beispiel Perlite, Kokoserde oder Rindenhumus. Ein kompletter Bodenaustausch ist nur dann nötig, wenn im gleichen Gefäß die gleiche Kultur wie im Vorjahr eingesät oder angepflanzt werden soll. Mehr dazu unter dem Stichwort »Fruchtfolge« auf Seite 27.

Ton, Lehm und Sand können als Zuschlagsstoffe zu torfhaltigen Erden verwendet werden.

Aussäen, Anziehen, Vorkultivieren

Bevor man Saatgut kauft, macht man sich einen kleinen Anbauplan. Hilfreich hierfür ist der Aussaatkalender am Ende des Buches (siehe Seite 120 f.). Dort findet man auf einen Blick, wann welche Gemüseart im Jahr ausgesät werden muss und wie lange sie von der Aussaat bis zur Ernte braucht. Manchmal können in einem Gefäß auch mehrere Kulturen nacheinander wachsen, z. B. zuerst Radieschen, dann Pflücksalat und schließlich Feldsalat. Der Anbauplan ist also gut für das richtige Timing. Ganz nebenbei sieht man auch, welches Gemüse vorkultiviert und welches direkt gesät werden kann. In jedem Fall sollte man für die Anzucht Aussaaterde oder Kräutererde verwenden – beide enthalten nur wenig Nährstoffe. Vor dem Aussäen wird die Oberfläche der

Erde glatt gezogen und leicht angedrückt, damit die Wurzeln der Keimlinge guten Bodenkontakt haben.

Die Anzuchtvarianten

- **Direktsaat:** Die Pflanzen werden direkt an Ort und Stelle ausgesät. Dafür zieht man wenige Zentimeter tiefe Rillen in die Erde. Dann die Saattüte aufreißen oder aufschneiden und eine Längsseite knicken. Aus diesem Falz können die Samen gezielt mit dem Finger herausgeklopft werden. Zum Schluss wird die Rille zugezogen (bei Lichtkeimer nur leicht), die Saat angedrückt, gewässert und mit einem Pflanzenetikett versehen. Bei der Direktsaat bilden die Pflanzen gewöhnlich tiefere Wurzeln und entwickeln sich robuster als vorgezogene Sämlinge. Zu dicht stehende Pflanzen sollten ausgedünnt werden. Die so gewonnen Pflänzchen lassen sich an anderer Stelle wieder einpflanzen. Das funktioniert allerdings nicht bei Wurzelgemüse wie Möhre, Pastinake, Rettich und Radieschen.

- **Vorziehen:** Tomaten, Chili und Paprika müssen es während der Aussaat warm haben. Anschließend muss man noch einmal viele Wochen warten, bis die ersten Früchte reif sind. Die Aussaat sollte also früh im Jahr erfolgen. Sie findet an einem geheizten Ort meist in Schalen statt. Dazu die Schalen mit Aussaaterde füllen, diese mit einem kleinen Holzbrett andrücken, dann das Saatgut verteilen und dieses mit Erde übersieben (bei Lichtkeimern nur ganz dünn). Abschließend wird alles mit einer feinen Brause gegossen. Nach ein bis zwei Wochen werden die Sämlinge pikiert, d. h. man löst sie mit einem Stab oder Bleistift aus dem Saatbett und pflanzt sie in kleine Töpfe. Später erhalten die gewachsenen Pflanzen nochmals größere Töpfe, bis sie schließlich abgehärtet (tagsüber nach draußen in den Schatten stellen und

Werden die Samen bei der Vorkultur in kleine Töpfe gesät, spart man sich das Pikieren.

WELCHES SAATGUT SOLL MAN KAUFEN?

Anfang des Jahres erhält man fast an jeder Ecke Saatgut. Der Handel vertreibt überwiegend F_1-Hybridsorten. Diese modernen Hochleistungssorten wurden häufig auf bestimmte Geschmackseigenschaften und Resistenzen gegen Krankheiten hin gezüchtet. Sie haben allerdings den Nachteil, dass man von ihnen kein eigenes Saatgut gewinnen kann, da ihre Nachkommen nicht mehr die gleichen Eigenschaften wie ihre Eltern haben. Deshalb werden in diesem Buch ausschließlich samenfeste Sorten empfohlen, also solche, von denen man selbst Saatgut ernten kann. Bei ihnen handelt es sich um Sorten alter bewährter Gemüsearten und um Neuzüchtungen, die häufig in Bioqualität verfügbar sind, weil sie überwiegend von Biobetrieben vermehrt und angebaut werden.

Das Saatgut sollte trocken und kühl aufbewahrt werden (optimal sind Temperaturen zwischen 4 und 10 °C). Dann erhält man möglichst lange eine gute Keimfähigkeit. Diese nimmt ohnehin allmählich ab. Sinkt sie unter 50 %, sollte man sich von den Samen trennen. Man testet dies, indem man 20 Samen auf ein Stück feuchtes Küchenpapier legt, es einrollt und in eine perforierte Plastiktüte legt. Nach etwa einer Woche bei ca. 20 °C kann man feststellen, wie viele Samen gequollen bzw. gekeimt sind.

Die Saattüte wird gefalzt. Dann rieseln die Samen nacheinander und gezielt heraus.

Nach der Aussaat werden die Samen mit Erde übersiebt und anschließend mit einer feinen Brause gewässert.

Eine Glasglocke verhilft den Jungpflanzen wie ein Gewächshaus zu einer schnelleren Entwicklung.

nachts wieder reinholen) und dann an den endgültigen Ort nach draußen gepflanzt werden können.

Gemüsearten wie Zucchini, Gurken und Kürbisse muss man nicht vorziehen, doch man kann es tun. So gewinnen diese Pflanzen im Vergleich zu direkt ausgesäten Exemplaren einen zeitlichen Vorsprung. Anstelle von Saatschalen können die Samen auch in kleine Töpfe gedrückt werden (das ist auch bei Tomaten, Chili und Paprika möglich). So spart man sich das Pikieren. Der Standort für die Aussaat sollte mindestens 20 °C warm und hell sein. Da gewöhnlich kein Wintergarten oder Gewächshaus zur Verfügung steht, nutzt man eine Fensterbank. Statt Sämlinge selbst heranzuziehen, kann man vorgezogene Jungpflanzen auch beim Gärtner kaufen und sie dann in Gefäße bzw. Beete setzen.

■ **Verfrühen:** Das Keimen von Saatgut, das direkt im Freien ausgesät wurde, lässt sich auch beschleunigen. Der Effekt eines kleinen Gewächshauses entsteht, wenn man zum Beispiel Glasscheiben auf die Töpfe mit den frischen Aussaaten legt. Oder es werden Glasglocken auf die Töpfe gesetzt. Sie lassen den Pflanzen mehr Raum zur Entfaltung. Marmeladengläser oder kleine Glasglocken können auch unmittelbar über einzelne Aussaatstellen im Beet gestülpt werden, z. B. über die stärker wärmebedürftigen Arten wie Zucchini, Gurken und Kürbisse. Die Folge: Der Boden erwärmt sich an dieser Stelle schneller und die Keimruhe wird rascher gebrochen. Haben die Sprösslinge den Boden durchstoßen, müssen die Minigewächshäuser bei praller Sonne gelüftet werden. Dazu kippt man sie etwas zur Seite und schiebt einen Stein oder ein Holzstück unter die Kante. Das sorgt für Sauerstoffzufuhr und verhindert einen Hitzestau unter der Glocke.

FRUCHTFOLGE UND MISCHKULTUR

Pflanzen erhält man besten gesund, wenn der Anbau von Gemüse und Kräutern möglichst abwechslungsreich gestaltet wird. Man weiß mittlerweile, dass jede Kulturpflanze den Boden einseitig auslaugen oder belasten kann. Dazu tragen unter anderem spezielle Wurzelausscheidungen bei. Mit wenigen Ausnahmen soll daher die gleiche Gemüseart nicht zweimal auf dem gleichen Beet angebaut werden. Das gilt sogar für alle Mitglieder ein und der gleichen Familie. Also nicht nur Erbsen sollen den Standort wechseln, sondern auch Bohnen dürfen nicht auf das gleiche Stück gesät werden, denn beide gehören zur Familie der Schmetterlingsblütler.

Die Anbaupause gilt meist für mindestens vier Jahre. Mit einem Trick kann man im Topf dieses Problem umgehen: Man wechselt einfach den Boden aus und schon kann man aus ein und demselben Gefäß jedes Jahr Erbsen ernten. Bei der Fruchtfolge geht es also darum, wie die zeitliche Abfolge von Kulturen gestaltet wird.

Bei der **Mischkultur** geht es dagegen um das unmittelbare Nebeneinander von Pflanzen. Hierbei spielen ebenfalls Wurzelausscheidungen eine wichtige Rolle. Doch auch Duftstoffe, die über Blätter, Blüten und Früchte abgegeben werden, beein-

flussen die Entwicklung von Pflanzen. Diese Wechselwirkungen werden schon seit vielen Gärtnergenerationen beobachtet und in großen Teilen immer wieder bestätigt. Auch die Abwehr von Schadinsekten oder das Anlocken von Nützlingen ist Teil dieses Wirkungsgefüges. Nicht immer sind die Wirkungen günstig. So gibt es auch Pflanzen, die nicht gut miteinander auskommen.

Für den eigenen Anbauplan berücksichtigt man zuallererst die Fruchtfolge. Hierfür werden auch die Nähr-

stoffbedürfnisse der einzelnen Pflanzenarten herangezogen. Nach einem Starkzehrer wie der Tomate wird man einen Mittelzehrer, z. B. Salat, aussäen. Wichtig ist aber an erster Stelle, dass sich die Pflanzenarten und -familien immer abwechseln. Denn die Nährstoffbedürfnisse können durch die Düngung angepasst werden. Bietet sich die Gelegenheit, setzt man diejenigen Gewächse nebeneinander, die sich positiv beeinflussen. Mag das Ganze auch etwas kompliziert klingen, mit der Zeit entwickelt man dafür ein Gefühl und Routine.

Pflanzen beeinflussen sich gegenseitig über Wurzelausscheidungen und Duftstoffe. Das Wissen darum spielt in der Mischkultur eine Rolle.

Die Nährstoffansprüche der Pflanzen und wie diese erfüllt werden

Im Garten können Pflanzen ihren Hunger teils aus den vorhandenen Nährstoffreserven des Bodens stillen. So wird im ökologischen Anbau der Boden regelmäßig mit organischen Stoffen wie Kompost, Mist und Gründüngung versorgt, um das Angebot reichhaltig zu gestalten. Die Bodenorganismen zerkleinern alles und schließen so die für die Kulturpflanzen wichtigen Nährstoffe auf. Im Topf funktioniert dieser Vorgang nur bedingt. Hier ist das Bodenvolumen, das gleichzeitig als Speicher fungiert, gering, die Nährstoffe sind – je nach Wuchskraft der Pflanze – mehr oder weniger rasch verbraucht. Daher müssen zusätzliche Nährstoffe verabreicht werden. Das hat den Vorteil, dass die Bedürfnisse der jeweiligen Pflanzenarten gezielt bedient werden können.

Ein organischer Flüssigdünger sorgt im Laufe des Sommers für schnellen Nährstoffnachschub.

Man unterscheidet drei Pflanzengruppen: solche mit geringen, mit mittleren und mit hohen Nährstoffansprüchen. Zugrunde gelegt wird immer die Stickstoffmenge, die eine Pflanze bis zur Ernte verbraucht. Diese richtet sich nach der Länge der Wachstumszeit und danach, wie viel Masse von der Pflanze gebildet werden muss. Die einzelnen Gruppen bezeichnet man als:

- **Schwachzehrer:** Dazu zählen die meisten Kräuter sowie Radieschen, Feldsalat und Schmetterlingsblütler wie Bohnen und Erbsen, die einen Teil ihrer Nährstoffe mithilfe von Knöllchenbakterien selbst erzeugen.

- **Mittelzehrer** sind Möhre, Rote Bete, die meisten Salate, Zwiebeln, Pastinake, Spinat, Mangold.

- **Starkzehrer:** Zu ihnen gehören vor allem die großen Kohl-Arten. Sie spielen in diesem Buch keine Rolle, denn es ist aufwendig und wenig ertragreich, Brokkoli, Rotkohl oder Wirsing im Topf heranzuziehen. Bei Kartoffeln, Tomaten, Paprika, Zucchini, Gurken und Kürbissen zahlt sich der eigene Einsatz dagegen aus.

Früher brachte der Bauer einige Fuder Mist auf seinem Acker aus und pflanzte dann Kartoffeln oder Kohl. Das war seine erste Tracht. Er wusste, dass nur der stickstoffreiche Mist die Nährstoffansprüche des Starkzehrers decken konnte. In zweiter Tracht stand ein typischer Mittelzehrer wie Rote Bete. Sie mussten mit dem Vorlieb nehmen, was an Nährstoffen übrig war. Da Mist nur langsam von den Bodenorganismen zersetzt wird, reichten die allmählich frei werdenden Nährstoffe noch für eine dritte Tracht, nämlich einen Schwachzehrer wie die Erbsen. So entstehen Fruchtfolgen, die sich an dem Nährstoffbedürfnissen der Pflanzen orientieren.

Die Höhe der Düngergaben für die jeweilige Pflanzengruppe

Pflanzengruppe	Kompost[1]/m²	Kompostschicht	Stickstoff (N)/m²	Stickstoff (N)/10 l
Starkzehrer	10–14 l	10–14 mm	10–14 g	6–9 g
Mittelzehrer	7–10 l	7–10 mm	7–10 g	3–6 g
Schwachzehrer	4–7 l	4–7 mm	4–7 g	1–3 g

1) Angaben in Litern

Die biologische Landwirtschaft arbeitet noch heute so. Gärtner gebrauchen anstelle von Mist jedoch Kompost und andere organische Dünger. Untersuchungen an der Fachhochschule Weihenstephan ergaben, dass ein Liter Kompost im Mittel 6 g Stickstoff (N), 4,2 g Phosphor (P_2O_5) und 3,2 g Kalium (K_2O) enthält. Der für das Pflanzenwachstum wichtige Stickstoff liegt im Kompost ebenso wie in anderen organischen Dünger in gebundener Form vor. Er wird also peu à peu freigesetzt. Innerhalb eines Jahres sind es etwa zehn Prozent. Erwärmt sich der Boden schnell, wie in frei stehenden Gefäßen, kann es deutlich mehr werden. In der Tabelle wurde von einem Gramm Stickstoff pro Liter Kompost ausgegangen, der im ersten Jahr für die Pflanzen verfügbar ist.

Organisch düngen

Die Nährstoffe mineralischer Stickstoffdünger werden schnell im Wasser gelöst und stehen den Pflanzen meist unmittelbar zur Verfügung. Der Bioanbau verzichtet auf Mineraldünger. Nur so lassen sich optimale Qualitäten erreichen – und das ist ja auch der Ansporn vieler Hobbygärtner. Möchte man gesundes Gemüse erzeugen, müssen Nährstoffangebot und Bedarf im Gleichgewicht sein. Sieht die Kulturpflanze zum Beispiel mickrig aus, sind ihre Blätter hellgrün und bleiben klein, mangelt es meist an Stickstoff.

Für schnelle Abhilfe sorgen in diesem Fall organische Flüssigdünger die auch im ökologischen Landbau verwendet werden, wie »BioTrissol« und »Provita Vinasse«. Beides sind Produkte aus fermentierter Zuckerrübenmelasse, die neben Stickstoff, Phosphor und Kalium auch Spurenelemente enthalten. Zum Düngen werden sie ins Gießwasser gemischt. Das ist praktisch, um lange fruchtende Arten wie Tomaten fortwährend mit Nachschub an Nährstoffen zu versorgen. Es kommt auch Salaten zugute, die mehrfach geerntet werden, wenn deren Energie für einen neuen Austrieb nachlässt.

BEISPIEL DER DÜNGERBERECHNUNG FÜR EINEN MITTELZEHRER

Im Garten bereitet man den Boden mit ungefähr 8 Litern reifem Kompost pro Quadratmeter vor. Daraus werden im ersten Jahr 8 Gramm Stickstoff freigesetzt. Das ist genau die Menge, die ein Mittelzehrer zum Wachsen braucht. Will man einen handelsüblichen organischen Dünger anstelle von Kompost verwenden, muss man die entsprechende Menge berechnen, die den Bedarf an Stickstoff deckt. Zuerst schaut man auf der Verpackung nach, wie viel % Stickstoff im Dünger enthalten ist. Bei 7 % beträgt die Aufwandmenge des Düngers 114 Gramm pro Quadratmeter (8 mal 100 geteilt durch 7).

Zum Düngen von Töpfen kann der Kompost auch in der Höhe einer Schicht bemessen werden. So wird zunächst eine ca. 8 Zentimeter starke Kompostschicht aufgebracht und diese anschließend mit der Erde vermischt. Von einem Fertigdünger mit 7 % Stickstoff würde man 57 Gramm für einen 10-Liter-Topf brauchen, wenn man der Pflanze 4 Gramm Stickstoff zur Verfügung stellen will (4 mal 100 geteilt durch 7).

Richtiges Bewässern

Zunächst sollte man sich zweierlei klar machen: Die Wasserreserven in Gefäßen und selbst in Hochbeeten sind äußerst begrenzt. Das Gemüse besteht zu mindestens 80 Prozent aus Wasser. Wenn es also daran mangelt, werden sich die Pflanzen nicht vernünftig entwickeln und schließlich gibt es nur wenig zu ernten. Daher ist eine regelmäßige Versorgung der Pflanzen mit Wasser wirklich wichtig.

Folgendes ist zu beachten:
- Das Wasser muss bis zu den Hauptwurzeln vordringen. Je nach Gemüseart befinden sich diese in einer Tiefe zwischen 10 und 30 Zentimetern.
- Soll die Feuchtigkeit etwa 30 Zentimeter tief in den Boden eindringen, müssen 20 bis 30 Liter Wasser pro Quadratmeter gegossen werden. Bei Töpfen ist es einfach. Man gießt so lange, bis das Wasser aus dem Bodenloch heraussickert. Das überschüssige Wasser muss dann abfließen können, Untersetzer also ausleeren.
- Wird das Gemüse größer, steigt auch sein Wasserbedarf. Es muss also häufiger gegossen werden.
- Ist die Erde oberflächlich abgetrocknet, heißt das nicht, dass die Wurzeln kein Wasser mehr haben. Um das festzustellen, sollte man den Daumen einige Zentimeter tief in die Topferde drücken. Fühlt sich die Erde dann immer noch trocken an, ist eine Bewässerung angebracht.
- Möglichst so gießen, dass die Pflanzen selbst trocken bleiben. Den Wasserstrahl also nur auf den Wurzelbereich richten. Werden die Blätter nass, steigt die Gefahr von Infektionen. Denn über den Wasserfilm verbreiten sich Pilzsporen und Bakterien von Pflanze zu Pflanze.

Kleine Tropfer befördern das Wasser beim »Micro-Drip-System« wohldosiert an die Pflanzenwurzeln.

Winzige Löcher im »Perlschlauch« sorgen für eine kontinuierliche und sparsame Wasserversorgung.

■ Daher ist auch die Wassergabe am Morgen derjenigen am Abend vorzuziehen. Wasserspritzer trocknen tagsüber schnell wieder ab.

■ Regenwasser ist nach wie vor das beste Gießwasser. Es ist weich und hat die gleiche Temperatur wie die Außenluft. Vor allem in den Sommermonaten ist es wärmer als Leitungswasser.

Optimal wäre eine Bewässerung, die den Pflanzen immer nur genau die Wassermenge zurückgibt, die sie gerade verdunsten. Dazu sind zumindest ansatzweise automatische Bewässerungssysteme in der Lage. Drei sollen hier kurz vorgestellt werden:

■ **Blumat-System:** Es besteht nur aus wasserleitenden Tonkegeln und einem Wasserbehälter. Die Tonkegel stecken neben den Pflanzen im Topf und fühlen, wann diese Wasser brauchen. Trocknet die Erde aus, entsteht in ihnen ein Unterdruck, der das Wasser aus einem bereitstehenden Gefäß angesaugt. Das System lässt sich auch über einen Wasseranschluss regeln.

■ **Micro-Drip-System,** z. B. von Gardena: Kleine Tropfer bringen das Wasser wohldosiert direkt an die Pflanzenwurzeln. Sie werden in die Töpfe gesteckt und zweigen von einem längeren Schlauch ab, der an einen Wasserhahn angeschlossen ist. Das Ganze kann über einen Bewässerungscomputer gesteuert werden. Erfahrungswerte werden zugrunde gelegt, um die Intervalle einzustellen.

■ **Perlschlauch:** Der Spezialschlauch aus Recyclingmaterial ist von winzigen Löchern durchsetzt. Er wird mit einem Wasseranschluss verbunden und parallel zu den Pflanzenreihen ausgelegt. Öffnet man den Hahn ein wenig, tritt das Wasser nur tröpfchenweise aus. Es hat sich im dunklen Schlauch meist schon erwärmt. So erhalten die Pflanzen kontinuierlich geringe Mengen an Feuchtigkeit. Der Schlauch eignet sich besonders für Hochbeete. Er lässt sich auch eingraben.

Mit einer Gießkanne verabreicht man mit einem Schub größere Mengen Wasser, wie hier der Zucchini.

Ernten und Lagern

Zum Ende der Saison häufen sich die Ernten. Vor allem das Wurzelgemüse bleibt häufig bis zu den ersten Frösten im Beet und wird dann in größeren Mengen aus der Erde gezogen. Damit ist der Lebenszyklus der Pflanzen jedoch nicht beendet. Sie verbrauchen nun Sauerstoff und beginnen, Inhaltsstoffe abzubauen. Der Gehalt an Biophenolen, Vitamin C und Carotinen sinkt teils rapide. Nur einige Arten wie Äpfel, Petersilienwurzeln und Zwiebeln werden in den ersten Wochen des Einlagerns reicher an Aromastoffen.

Dennoch möchte man den Alterungsprozess so lange es geht hinauszögern. Wichtig ist, dass Obst und Gemüse während und nach der Ernte unversehrt bleiben und nicht in der prallen Sonne liegen, denn Verletzungen und Verdunstung beschleunigen die Abbauprozesse. Das gleich gilt auch für den Umgang mit dem Erntegut während des Einlagerns.

Ideale Orte sind daher feuchte kühle Keller. Dort schlägt man das Wurzelgemüse in feuchten Sand ein. Zuvor schneidet man das Möhrenlaub bis auf fünf Zentimeter zurück. Die Blätter der Roten Bete werden nur abgedreht. Anhaftende Erde wird nicht abgewaschen, auch sie schützt das Lagergut vor dem Austrocknen. Fehlt ein Keller oder ein kühler Dachboden, bleibt das in Sand eingeschlagene Gemüse draußen an einem frostsicheren Ort stehen.

Hat man das Wurzelgemüse oder auch die Wintersalate wie Zuckerhut und Radicchio in beweglichen Gefäßen, kann man sie über Winter auch einfach in der Erde lassen. Dann rückt man sie an eine geschützte Stelle und deckt sie mit Laub oder Vlies ab.

Zwiebeln werden einfach mit Hilfe des trockenen Laubs zu Zöpfen geflochten und gehängt.

Wurzelgemüse wird in feuchten Sand eingeschlagen und dann an einem kühlen Ort aufbewahrt. Steht kein ungeheizter Keller oder Dachboden zur Verfügung, stellt man es draußen dicht an eine Wand.

Wie bringt man Gefäße und Pflanzen am besten über den Winter?

Hohe Minustemperaturen sind nicht das größte Problem in den kalten Wintermonaten. Den klirrenden Frost kann man abmildern, indem die beweglichen Gefäße in eine geschützte Ecke gerückt werden. Sie können zudem mit Vlies oder Noppenfolie umwickelt und in Jutesäcke eingepackt werden.

Wintergrüne Gewächse, dazu gehören einige Kräuter und Wintersalate, laufen jedoch zudem Gefahr zu vertrocknen, wenn die Erde gefriert. Die Sonne entzieht dem Laub weiterhin Feuchtigkeit, die Wurzeln aber können diesen Wasserverlust nicht mehr ausgleichen. Die im Winter vorherrschenden Ostwinde haben eine ähnliche Wirkung. Diese trockenen Luftströme dörren die Pflanzen aus. Deshalb muss man Acht geben, dass die Pflanzen bei gefrorenen Böden nicht zu viel verdunsten.

Entweder stehen sie schattig und windgeschützt oder man deckt sie mit einem Vlies ab.

Gefahr droht auch Töpfen, Gefäßen und Gießkannen, sofern diese aus unelastischen Materialien wie Ton, Steingut und Metall, z. B. Zink, bestehen und mit Wasser gefüllt sind. Gefrorenes Wasser dehnt sich um etwa zehn Prozent seines Volumens aus und kann dann auch Böden aus Metallgefäßen heraussprengen. Gießkannen werden daher entleert und wie alle anderen leeren Gefäße am besten auf den Köpf gestellt. Bepflanzte und mit Erde gefüllte Behälter bekommen einen regengeschützten Platz oder eine Abdeckung, die dafür sorgt, dass sie sich nicht mit Wasser vollsaugen. Solange die Erde nur feucht ist, besteht hingegen keine Gefahr.

Gegen tiefe Minusgrade werden Töpfe mit empfindlichen Pflanzen, z. B. Immergrüne, in Noppenfolie gepackt, damit die Erde nicht durchfriert. Zudem rückt man sie in eine geschützte Ecke.

EIN STADTBALKON IN HAMBURG

Es fing im Frühjahr alles ganz klein an. Die ersten Kräuter kamen aus dem Supermarkt: Rosmarin, Salbei, Pfefferminze. Sie machten in ihren Tontöpfen, in die sie gepflanzt wurden, gleich etwas her und waren dazu da, dem Essen eine besondere Note zu geben. Der Rosmarin etwa den Kartoffeln, die im Ofen auf einem Blech, in Olivenöl und mit Meersalz bestreut, geröstet werden und eine leckere Beilage zu Fleisch-, Fisch- oder Salatgerichten ergeben. Frischer Rosmarin entwickelt dabei so viel mehr Aroma als das getrocknete Gewürz aus dem Regal. Hinzu kommt das gute Gefühl, die Zweige selbst geerntet zu haben. Der Salbei wird für Pasta-Saucen und Salbeibutter genutzt, die Pfefferminze für Tee.

Da die Vitalität der Kräuter zu wünschen übrig ließ, wurde die nächste Charge in einer Kräutergärtnerei gekauft. So kam auch noch das Strauchbasilikum 'African Blue' hinzu. Die Pflanzen regenerieren sich einfach besser, wenn sie im Freiland und nicht wie gewöhnlich bei Supermarktware in Gewächshäusern als Turbopflanzen herangezogen werden.

Der Balkon misst 3,30 × 1,25 Meter. Er ist also gerade einmal vier Quadratmeter groß. Seine Ausrichtung im dritten Stock eines Mietshauses ist nach Osten. Im Hochsommer scheint die Sonne dort von früh morgens bis zum Mittag (etwa 13.45 Uhr). Den

Der schmale Balkon bietet Platz für diverse Kräuter, Sitzbank und Salatbar.

In einfachen Halterungen am Balkongitter stehen Salbei, Rosmarin, Pfefferminze und das Strauchbasilikum 'African Blue' griffbereit.

Kräutern, die am Balkongeländer hängen, hat die Lichtausbeute gereicht. Da sich im Stockwerk darüber noch ein weiterer Balkon befindet, bleiben die Pflanzen vom Regen weitestgehend verschont. Das Gießen erfolgt also von Hand mit einer Kanne. Die Pflanzen in den Töpfen wurden den Sommer über mit Düngestäbchen versorgt. Das hat vor allem die Geranien zu prächtigen Blüten angeregt. Doch auch die Minze hat sich für die Nährstoffgaben mit kräftigen Neutrieben bedankt und die Monats-Erdbeeren haben mit immer neuen Früchten gelockt.

Im Frühsommer entstand ein Beet mithilfe einer Weidenbox (100 × 40 × 40 Zentimeter) und der dazugehörenden Innentasche. Das Volumen von 140 Litern wurde mit zwei Säcken à 60 Liter Billigerde aus dem Baumarkt gefüllt. Diese Erde wurde gut verdichtet und dann noch mit einer Schicht aus 20 Liter Compo-Aussaaterde überdeckt. In die acht Saatrillen kamen die Samen der Salat-Rauke und der Schnittsalate 'Till', 'Amerikanischer Brauner', 'Cerbiatta' und 'Red Salad Bowl'. Die Rauke konnte schon nach knapp vier Wochen geschnitten werden. Ein bis zwei Wochen später folgten die anderen Salate. Deren Blätter waren sehr zart, was möglicherweise mit der teils schattigen Lage des Balkons zu tun hatte. Alle Salate bis auf 'Till' haben sich nach der ersten Ernte nicht mehr so gut weiterentwickelt. Sie bekamen trockene Blattränder und verkümmerten schließlich ganz. Die Ursache könnten zu hohe Stickstoffgehalte gewesen sein, die in den Billigerden vorhanden waren.

Anfang August wurden auf dem Beet die Salat-Reste geräumt. Die Erde wurde mit den Fingern gelockert und geglättet und in die neu gezogenen Rillen Feldsalat, Winterpostelein sowie Winterkresse gesät. Diese drei Wintersalate haben sich prächtig entwickelt. Sie werden den Frost unbeschadet überstehen, nach Bedarf geerntet werden und dann im nächsten Frühjahr nochmals austreiben.

Nach dem Ziehen von Rillen wurden in die Weidenbox fünf verschiedene Salate ausgesät.

Zunächst entwickelten sich alle Salate prächtig. Einige bekamen später teilweise trockene Blätter.

Gemüse, Kräuter und Obst im Topf

Haben Sie schon einmal Spargelsalat probiert? Wie steht es um Pastinake, Postelein und Pfefferoni? Hätten Sie nicht Lust, sich aus frischen Teufelsohren, Forellenschuss und Till einen Salat zu mischen? Am besten Sie nehmen dieses Kapitel genau unter die Lupe. So werden Ihnen keine ungewöhnlichen Gemüsearten und reizvollen Sorten entgehen.

Auf die richtige Auswahl kommt es an

Der Platz ist begrenzt. Die Beete sind klein. Man möchte den Raum so nutzen, dass möglichst viel »Grünzeug« in kurzer Zeit zu ernten ist. Was hätte man davon, im Frühjahr Kohl zu pflanzen, der erst Monate später reif für die Ernte ist. Kohl ist ein Feldgemüse, das in der Landwirtschaft maschinell auf großen Flächen angebaut wird. Selbst in Bio-Qualität kostet er später im Handel nicht viel. Kohl muss man also nicht selbst heranziehen.

Ganz anders ist es mit so wertvollen Arten wie Erbsen und Bohnen. Für den Bauern ist ihre Ernte aufwendig, für uns hingegen ein Klacks. Was für ein Genuss, wenn man einige knackige süße Erbsen über den Salat streuen oder gedünstete Butter-Bohnen oder Zuckererbsen auf dem Teller haben kann. Dafür lohnt sich der Eigenanbau. Zudem sind Erbsen und Bohnen leicht zu kultivieren und innerhalb weniger Wochen wieder vom Beet verschwunden.

Sämtliche Gemüse-, Kräuter- und Beerenfrucht-Arten wurden für dieses Kapitel nach folgenden Kriterien ausgewählt:

- Sie sollen schnell wachsen und ergiebig sein, wie die vielen Salatarten, von denen sich teils schon nach drei Wochen die ersten Blätter schneiden lassen. Wochenlang liefern die Pflanzen dann frischen, vitaminreichen Nachschub.
- Des Weiteren sollen sie eine Bereicherung für die tägliche Ernährung sein, wie die außergewöhnlichen Tomatenvarietäten, die der Handel gar nicht anbietet. Auch rote Möhren und weiße Rote Bete wird man kaum irgendwo kaufen können. Daher räumt man ihnen gerne etwas Platz ein, auch wenn die Reife dieser Früchte Zeit in Anspruch nimmt.
- Dann ist eine Vielfalt auf den Beeten schön anzusehen und äußerst wichtig für eine abwechslungsreiche Fruchtfolge. Dazu tragen die Kräuter bei. Ihr Duft und ihr Aussehen schmeicheln den Sinnen. Und was für eine köstliche Aussicht bieten sie, wenn man den Reichtum ihrer Aromen zum Verfeinern der Gerichte verwendet. Diese frischen Aromen sind in fast jeder Hinsicht getrockneten Gewürzen überlegen.

Und so ist es mit allen hier vorgestellten Nutzpflanzen: Sie alle schmecken so viel besser, wenn sie selbst gezogen und frisch verarbeitet werden – und sie lassen sich mühelos auch auf kleinem Raum heranziehen.

Salate und anderes Blattgemüse

Der kleine Garten aus Weidenboxen beherbergt viele verschiedene Salatarten.

Salate

Lactuca sativa, Familie der Korbblütler

Beliebt sind Kopf-, Eis-, Romana- und Pflücksalat. Ihr gemeinsamer Urahn ist wahrscheinlich der Kompass-Lattich (*Lactuca serriola*), ein auch in unseren Breiten heimisches Unkraut, das im Sommer gelb blüht. Die meisten Salatarten neigen ebenfalls dazu, im Sommer rasch Blüten zu bilden. Sie strecken sich in die Höhe und entwickeln einen Stängel. Man sagt, sie »schossen«. Daher sät man hauptsächlich im Frühjahr aus. Für eine Sommeraussaat gibt es spezielle Sorten, die nicht so schnell schossen.

Für den Anbau auf Terrasse und Balkon sind Arten zu empfehlen, die keinen Kopf bilden. So lassen sich schon nach wenigen Wochen die ersten frischen Blätter abzupfen, und die Erntezeit einer Pflanze erstreckt sich über Monate. Kopfsalate, zu denen auch der Eissalat zählt, sind für den Handel wichtig, für die Selbstversorgung sind sie weniger geeignet, da sie das Beet/das Gefäß sehr lange ohne Nutzen in Beschlag nehmen.

Alle *Lactuca*-Arten enthalten eine weiße Flüssigkeit, den sogenannten Milchsaft. So steckt auch in der botanischen Bezeichnung *Lactuca* das lateinische Wort *lac* für Milch.

Gesundheitlicher Wert

Salat ist reich an Vitaminen und leicht verdaulich. Vitamin C und B, Carotine, Mineralstoffe, Biophenole und die schwachen Bitterstoffe, hauptsächlich Lactucin, tragen zum erfrischenden Genuss bei. Die äußeren Blätter enthalten mehr Vitamine als die inneren. Im Mittelalter wurde der Milchsaft nervösen Menschen zur Beruhigung verabreicht. Noch heute gilt Salat als beruhigend, appetitanregend und hustenstillend. Nach der Ernte gehen, vor allem unter dem Einfluss der Sonne, wertvolle

Inhaltsstoffe schnell verloren. Je frischer man den Salat verspeist, desto gesünder ist er.

Anbauen

Werden die Pflanzen direkt ins Beet oder in den Topf gesät, bilden sie eine tiefreichende Pfahlwurzel. Vorgezogene Pflanzen haben dagegen viele feine, flach verzweigte Wurzeln. In jedem Fall ist es wichtig, die Pflanzen regelmäßig zu wässern, damit die Blätter sich gut entwickeln und mild im Geschmack bleiben. Es heißt auch, dass direkt gesäte Salatpflanzen weniger leicht schossen und widerstandsfähiger gegenüber Blattläusen sind. Bei der Direktsaat müssen die Samen behutsam aus der Tüte geschüttelt werden, um den nötigen Abstand der Pflanzen voneinander einzuhalten (dazu mehr auf Seite 24/25). Zum Glück spielt der Abstand bei Pflücksalaten keine so große Rolle wie bei Kopfsalaten. Hat man dennoch den Eindruck, dass die Keimlinge zu dicht stehen, werden einfach einige entfernt.

- Am besten wächst Salat in voller Sonne. Er verträgt aber auch leichten Schatten. Die Pflanzen sind anspruchslos, gedeihen auf allen Böden, sofern diese nicht sauer (pH-Wert unter 6) sind. Da der Salat dann fault, ist ein Anbau in reinem, ungekalktem Torf nicht zu empfehlen.
- Die Pflanzen haben mittelgroße Nährstoffansprüche. Sie sind also Mittelzehrer. Im Garten würde man den Boden mit sieben Liter reifem Kompost pro Quadratmeter vorbereiten. Das entspricht (im Beet und im Topf) einer sieben Millimeter starken Kompostschicht und etwa 7 % reinem Stickstoff. Die Alternative für die Topfkultur ist eine Portion Hornspäne.
- Sind die Stickstoffgehalte im Boden zu hoch, können die Blattränder braun und die Blätter glasig werden.
- Bei Temperaturen über 20 °C keimen die Samen schlecht.
- Beim Pflanzen von jungen Salatsetzlingen sollten diese nicht so tief in den Boden kommen, da die Blätter sonst faulen. Nach dem Pflanzen wässern.

SALATMISCHUNG

Die Saatgutfirmen bieten seit einigen Jahren Mischungen mit verschiedenen Salatarten an, etwa den aus Italien stammenden **»Misticanza«**. Darin sind häufig rote und grüne Pflücksalate, Rucola, Romanasalate, Zichorien und Hirschhornwegerich enthalten, die zusammen in einer Reihe ausgesät werden. Ähnlich sind sogenannte **»Baby-Leaf-Salate«**. Dabei handelt es sich um Schnittsalat, Asia-Salat, Spinat und Mangold, Rote Bete und Sauerampfer. Die Mischung wird mit einem Reihenabstand von etwa 15 Zentimetern oder flächig ausgesät. Ist der Salat mindestens acht Zentimeter hoch, wird er mit der Schere geerntet. Schneidet man ihn nicht tiefer als zwei Zentimeter über dem Boden ab, wachsen die Pflänzchen wieder nach. Die Idee, die der Handel ersonnen hat, um den Verbrauchern fertig abgepackte Mischsalate anbieten zu können, lässt sich gut auf kleine Beete, flache Schalen, Balkonkästen und Blumentöpfe übertragen. Die Mischungen lassen sich auch selbst herstellen. Dazu mengt man zum Beispiel Saatgutreste von Salaten und anderem Blattgemüse zusammen und sät diese aus.

- Regelmäßiges Gießen ist wichtig, damit Salate zart bleiben und nicht so schnell schossen.
- Bei Frostgefahr die Pflanzen mit Vlies abdecken.
- Das Saatgut bleibt vier bis fünf Jahre lang keimfähig.

Mischkultur

Günstige Nachbarn sind Möhren, Zwiebeln, Tomaten, Bohnen, Radieschen, Kohlrabi, Rettich, Erbsen und Dill. Ein ungünstiger Nachbar ist Petersilie.

Ernten

Einige Pflücksalate, wie 'Salad Bowl', 'Till' und 'Cerbiatta' können monatelang frische Blätter liefern. Am besten wird frühmorgens geerntet. Man beginnt mit dem Pflü-

SALATE MEHRFACH ERNTEN

Die Engländerin Joy Larkcom hat sich schon vor knapp 30 Jahren dafür eingesetzt, Salat mehrfach zu ernten. Sie nennt es **»Cut-And-Come-Again«**. Die deutsche Übersetzung hat daraus den Begriff »Mehrweg-Gemüse« gemacht: »Die meisten Leute halten Gemüsepflanzen grundsätzlich für »Einwegpflanzen«: Man zieht sie groß, erntet sie und damit hat sich's dann. Dabei bringen viele Blattsalate zwei, drei und noch mehr Ernten, wenn man die Wurzel nur im Boden und den Pflanzen Zeit zum Nachwachsen lässt. Ich bezeichne diese Gemüsearten, die uns durch ihre Fähigkeit wieder auszutreiben, so viel Zeit, Mühe und Platz ersparen, gerne als »Mehrweg«-Gemüse«, schreibt die Engländerin in ihrem Buch »Der Grünkostgarten«.

Salatmischungen in Schalen und Kästen lassen sich auch einfach mit der Schere ernten.

cken der äußeren Blätter, wenn diese etwa zehn Zentimeter lang sind. Da die Pflanzen dann noch nicht so fest im Boden wurzeln, muss man beim Abknipsen der Blätter behutsam vorgehen. Bald darauf können auch ganze Blattbüschel geschnitten werden. Dabei sollten die Herzblätter geschont werden, dann sprießt aus ihrer Mitte ein neuer Schopf. Allmählich wachsen die Pflanzen in die Höhe und die Blätter werden fester. Sind die Pflanzen dabei Blüten zu bilden, bekommen die Blätter einen bitteren Geschmack.

BELIEBTE SALATE

Pflück- und Schnittsalat, Lattich

Lactuca sativa var. *crispa*

Sie bilden anstelle eines Kopfes große büschelartige Blattrosetten. Im Geschmack ähneln sie den Kopfsalaten, sind im Vergleich zu diesen aber insgesamt robuster. Zu dieser Gruppe gehören die Eichblattsalate. Letztere bilden teils auch geschlossene Köpfe, wenn mit der Ernte der Blätter gewartet wird. Gewöhnlich aber beginnt die Ernte schon nach wenigen Wochen, indem man die äußeren Blätter abzupft. Je nach Typ entwickeln sich die Pflanzen unterschiedlich weiter und liefern immer frisches Grün. In Hampels Gartenbuch von 1902 heißt es sogar: »Klassische Pflücksalate bilden einen ca. 30 cm hohen Stängel, welcher von unten bis oben dicht mit schönen, zierlichen gerankten und gekrausten Blättern besetzt ist.«

Empfehlenswerte Sorten: 'Amerikanischer Brauner', 'Red Salad Bowl', 'White Salad Bowl', 'Till', 'Cerbiatta', 'Lollo Rosso' (rot), 'Lollo Rossa' (hellgrün).

Aussaat: zwischen Februar und Ende Juli.

Abstände: zwischen den Reihen mind. 20 Zentimeter, in der Reihe mind. fünf Zentimeter.

Romanasalat, Bindesalat, Kochsalat

Lactuca sativa var. *longifolia;* Syn.: *L. s.* var. *romana*

Die herzhaft würzig schmeckenden Blätter sind länglich, gerippt und fester als bei Kopf- und Pflücksalaten. Sie bilden langovale lockere oder feste Köpfe. Ältere Sorten bildeten noch keine fest geschlossenen Herzen. Sie werden zusammengebunden, um die inneren Blätter hellgelb und mild im Geschmack werden zu lassen – daher auch der Name Bindesalat. In Wien wurde der Salat früher im Sommer auch wie Spinat gekocht. Man kann ihn in Salzwasser dünsten, mit Muskat und Pfeffer würzen und ihn dann mit Reis und Tomatensoße servieren.

Die meisten Sorten des Romanasalates lassen sich den ganzen Sommer hindurch anbauen, denn sie neigen kaum zum Schossen. Abgeschnittene Blätter wachsen wieder nach und liefern nach einigen Wochen eine weitere Ernte.

Empfehlenswerte Sorten: 'Valmaine', 'Brun d'hiver', 'Teufelsohren', 'Forellenschluss'.

Aussaat: zwischen Ende März und Mitte Juli.

Abstände: zwischen den Reihen mind. 20 Zentimeter, in der Reihe mind. 15 Zentimeter.

Der Eichblattsalat wird wie ein Schnittsalat regelmäßig geschnitten. Seine Blätter wachsen mehrfach nach.

Nach den hübschen Sprenkel auf den Blättern heißt diese alte Sorte des Romanasalats 'Forellenschuss'.

Zunächst bildet Spargelsalat (hier: 'Roter Stern') eine Blatt-rosette, von der Blätter gepflückt werden.

Spargelsalat
Lactuca sativa var. *angustana*

Diese Spezialität aus China wird dort seit mehr als 1000 Jahren kultiviert und ist heute noch sehr populär. Französische Missionare brachten sie wahrscheinlich nach Europa. Jedenfalls tauchte er 1885 im Samen-katalog der Firma Vilmorin-Andrieux auf. Noch vor hun-dert Jahren wurde er regelmäßig in Deutschland ange-baut. Die Pflanzen sind etwas kälteempfindlicher als unsere heimischen Salat-Arten. Ausgesät wird daher am besten erst im April. Bald darauf bildet sich eine Blatt-rosette, von der wie beim Pflücksalat Blätter geerntet werden können. Das Pflanzenherz muss dabei unver-sehrt bleiben. Aus ihm wächst ein Stängel, der bis zu 120 Zentimeter hoch werden kann. Die Blätter werden jetzt allmählich hart, bitter und ungenießbar. Dafür reift die eigentliche Spezialität heran: Der verdickte Stängel wird in der Regel nach zehn Wochen geschnitten, frü-hestens jedoch wenn er eine Höhe von 30 Zentimetern erreicht hat. In jedem Fall erfolgt die Ernte vor der Blü-tenbildung. Danach schmeckt die ganze Pflanze nur noch bitter. Die Stängel werden wie Spargel zubereitet, also geschält, zerschnitten und in Wasser gedünstet oder in der Pfanne geschmort.

Empfehlenswerte Sorten: 'Celtus', 'Roter Stern', 'Chinesische Keule'.

Aussaat: zwischen Ende März und Mitte Juli. Jung-pflanzen können auch auf der Fensterbank vorgezogen werden.

Abstände: zwischen den Reihen mind. 20 Zentimeter, in der Reihe mindestens 20 Zentimeter. Sollen vor allem die Stängel geerntet werden, die Abstände auf 30 Zenti-meter erweitern.

Endivie, Escariol, Frisée

Cichorium endivia, Familie der Korbblütler

Von der aus dem östlichen Mittelmeerraum stammenden Endivie gibt es zwei Formen: Die Sorten mit breiten Blättern heißen auch Escariol oder Winter-Endivie. Sie halten sogar einige Minusgrade aus und eignen sich daher vor allem als Herbstsalat. Die Sommer-Endivie hat dagegen fein gekrauste, leicht verästelte Blätter. Sie trägt auch den Namen Frisée-Endivie und ist etwas empfindlicher als die breitblättrige Form.

Endivien bilden flache, dicht gefüllte, eher offene Köpfe mit derben Blättern. Im Herzen sind sie gelb gefärbt. Diese Mitte ist zarter und schmeckt weniger bitter. Durch Bleichen kann man diesen Gelbanteil des Kopfes erhöhen. Dazu deckt man die Mitte ausgewachsener Köpfe etwa zehn Tage lang mit Tellern oder speziellen Hauben ab oder stülpt einen Eimer über die gesamte Pflanze.

In der Schweiz und südlich der Alpen kennt man noch eine andere Form: die Schnitt-Endivie mit schmalen, leicht gekrausten Blättern. Sie wird wie Schnittsalat angebaut.

Alle Endivien enthalten ebenso wie Salat einen weißen Milchsaft.

Gesundheitlicher Wert

Vitamin C, Vitamin B, Carotine, Mineralstoffe, Fruchtsäuren, Biophenole und der Bitterstoff Intybin. Der leicht bitter schmeckende Salat fördert den Appetit, die Verdauung und stärkt Galle, Leber und Magen.

Anbauen

Die Pflanzen bilden teils einen Meter lange Pfahlwurzeln. Im Beet brauchen sie daher einen lockeren Boden ohne Verdichtungen.

Die krause Sommer-Endivie wird ab Ende März bis Mitte Juni direkt in Reihen mit 25 Zentimeter Abstand gesät.

Den Escariol erkennt man an den breiten Blättern. Er verträgt sogar ein wenig Frost.

Für den Frisée sind fein gekrauste Blätter typisch. Das Bleichen durch Hauben mildert den Geschmack.

Kühle Witterung kann dazu führen, dass die jungen Pflanzen schnell schossen. Sät man früh im Jahr, deckt man das Beet daher besser mit Vlies ab.

Auch die Winter-Endivien werden direkt ausgesät, allerdings erst zwischen Mitte Juni und Ende Juli. Sie sind noch schossempfindlicher als die krausen Typen. Bei einer Vorkultur sollten die Jungpflanzen geschützt im Gewächshaus oder auf der Fensterbank herangezogen werden.

Ein Reihenabstand von 20 Zentimetern genügt, wenn die Endivien als Schnittsalat angebaut werden.

- Der Nährstoffbedarf entspricht dem von Salat (siehe Seite 39/40). Die Pflanzen sind also Mittelzehrer.
- Regelmäßiges Wässern ist wichtig.
- Trocknen die inneren Blätter ein und werden braun, fehlt den Pflanzen meistens Kalzium. Diese sogenannte Kranzfäule ist keine richtige Krankheit, sondern nur ein Mangel, der durch saure Böden (pH-Wert unter 6) oder Trockenheit hervorgerufen werden kann.
- Endivien, vor allem die breitblättrigen Formen, vertragen auch nasskaltes Herbstwetter.
- Bei Frost mit Vlies abdecken.
- Die Samen sind vier bis fünf Jahre lang keimfähig.

Mischkultur
Gute Nachbarn sind Lauch, Kohl, Bohnen und Fenchel.

Ernten
In der Regel werden die Pflanzen geerntet, wenn der Kopf ausgebildet ist. Die Blätter können jedoch wie beim Schnittsalat fortlaufend gekappt werden. Dann sind mehrere Ernten möglich.

Empfehlenswerte Sorten
Breitblättrige Winter-Endivien: 'Bubikopf', 'Diva', 'Grüner Escariol', Géante Maraîchère. **Krause Sommer-Endivien:** 'Grüne Große Krause', 'Wallone'.

Zichorien-Salate
Cichorium intybus, Familie der Korbblütler

Hierunter finden sich einige der interessantesten Salate, die sich auf kleinem Raum leicht anbauen lassen, doch in unseren Breiten noch wenig bekannt sind. Ihr Urahn ist die blau blühende Wegwarte *(Cichorium intybus* var. *intybus)*, ein bei uns heimisches Wildkraut. Aus ihr züchteten Gärtner die Blatt- und Wurzelzichorien. Aus den Wurzelzichorien treiben im Winter bei Wärme und Dunkelheit die festen, hellen Chicoréepfeifen. Das Verfahren ist jedoch sehr aufwendig und für den Hausgebrauch nur bedingt zu empfehlen.

Die Blattzichorien dagegen geben exzellente Wintersalate, die jeder selbst heranziehen kann. Man findet sie vor allem auf Märkten in Südeuropa. Saatgut bringt man am besten aus dem Urlaub mit. So hat es jedenfalls vor vielen Jahren die englische Gartenbuchautorin Joy Larkcom gemacht: »Seit ich die kostbaren Chicorée-Schätze in Italien entdeckte, habe ich etliche Versuche im eigenen Garten gemacht. Die Ergebnisse waren erstaunlich: Viele Sorten sind wesentlich frosthärter als gemeinhin angenommen, dazu sehr selten das Opfer von Schädlingen und Krankheiten und außerdem noch recht einfach zu kultivieren. Der größte Vorteil aber: Chicorée wird gerade dann geerntet, wenn frischer Salat normalerweise Mangelware ist, nämlich vom Herbst bis zum Frühjahr.«

Unter den Blattzichorien bilden Radicchio und Zuckerhut einen festen Kopf. Andere Formen entwickeln mehr oder weniger fest geschlossene Rosetten mit breiten oder langen, teils gezackten Blättern, die an Löwenzahn erinnern.

Gesundheitlicher Wert
Schnittzichorien enthalten viel Carotin, viel Vitamin B_2, Mineralstoffe und wenig Bitterstoffe. Radicchio bietet mehr Bitterstoffe, die den Appetit und die Verdauung anregen und zusätzlich Anthocyane. Wem die Blätter zu bitter sind, der legt sie eine Zeit lang in kaltes Wasser.

Anbauen

Die Samen von Radicchio und Zuckerhut keimen am besten bei mindestens 20 °C. Anderenfalls könnte ein Kältereiz dazu führen, dass die Pflanzen keine Köpfe, sondern gleich Blüten bilden. Daher erstreckt sich die Zeit der direkten Aussaat von Mitte Juni bis Ende Juli. Jungpflanzen können an einem geschützten Ort schon ab Mai herangezogen und ab Mitte Juni ausgepflanzt werden. Radicchio und Zuckerhut können auch als Schnittsalat genutzt werden. Der Reihenabstand beträgt 20 Zentimeter.

Schnittzichorien werden dagegen schon von Mitte März an bis Ende Juli direkt an Ort und Stelle mit ebenfalls 20 Zentimeter Abstand ausgesät.

■ Zichorien-Salate sind Mittelzehrer. Der Nährstoffbedarf ist mit dem von Salat vergleichbar (siehe Seite 39/40).
■ Bei regelmäßigem Schnitt sollten die Pflanzen einmal im Monat neue Nährstoffe durch einen Flüssigdünger erhalten.
■ Zichorien sind anspruchloser als Salat. Sie vertragen Trockenheit besser und sollten daher nur sparsam ge-

Von Radicchio können schon die äußeren Blätter geerntet werden, bevor der Kopf ausgebildet ist.

wässert werden. Sie sind allerdings lichtbedürftig und brauchen viel Sonne zum Wachsen.
■ Radicchio wie die Sorte 'Roter Veroneser' kann den Winter über auf dem Beet bleiben. Auch wenn die Rosette erfriert, treibt im Frühjahr wieder frisches Grün (oder besser Violett) aus.
■ Die Samen sind vier bis fünf Jahre lang keimfähig.

Mischkultur

Gute Nachbarn sind Bohnen und Spinat.

Ernten

Die Köpfe von Radicchio und Zuckerhut sind ca. zwölf Wochen nach der Aussaat erntereif.

Beide Arten lassen sich auch wie Schnittzichorien ernten: Sind die Blätter etwa acht Zentimeter hoch, schneidet man sie einige Zentimeter über dem Boden ab. Nach etwa 14 Tagen lassen sich die nächsten jungen Blätter ernten. Das kann wochenlang so weitergehen, sofern der Boden nahrhaft und stets feucht genug ist. Lässt man Radicchio und Zuckerhut wachsen, können sie bis zum Herbst sogar noch Köpfe bilden. Dazu sollten sie aber mindestens 15 Zentimeter Abstand voneinander haben. Überzählige Pflanzen werden also ausgegraben.

BELIEBTE ZICHORIEN-SALATE

Radicchio

Typisch sind die braun-roten Blätter mit weißen Rippen und ihr aromatisch bitterer Geschmack, der sich im Salat gut mit dem Aroma von Orangen kombinieren lässt. Die äußeren Blätter sind bitterer als die inneren. Neben kopfbildenden Sorten gibt es auch solche, die nur zu einer Rosette heranwachsen.

Empfehlenswerte Sorten: 'Palla Rossa', 'Roter Veroneser' (= 'Rossa di Verona'), 'Roter von Treviso' (= 'Rossa di Treviso'), 'Grumolo verde' (grüne Sorte, die nur Rosetten und keine Köpfe bildet).

Schnittzichorie

Ihre hellgrünen, bitterstoffarmen Blattbüschel zeigen keine ausgeprägten Rippen. Sie wachsen schnell, sind pflegeleicht und werden vor allem in Norditalien und in der Südschweiz angebaut. Die Blätter werden ca. sechs Zentimeter lang geerntet oder zusammen mit dem Stiel bei einer Länge von ca. 20 Zentimetern.

Empfehlenswerte Sorte: 'Gelbe von Triest' (= 'Zucche-rina di Triest')

Zuckerhut

Er wurde in der Schweiz gezüchtet und bildet relativ feste, spitz zulaufende Köpfe. Der Name soll suggerieren, dass diese Zichorienart nicht bitter ist. Das stimmt nur bedingt. Die inneren, bleichen Blätter schmecken tatsächlich mild und zart, die äußeren grünen sind dagegen herber im Geschmack.

Die Pflanzen überstehen leichte Fröste ohne Schutz. Packt man sie in Stroh und deckt sie mit Vlies ab, wird man die Köpfe den ganzen Winter über ernten können. Sorten spielen bei dieser Gemüseart keine große Rolle.

Salat-Rauke, Rucola

Eruca sativa, Familie der Kreuzblütler

Sie hat bei uns in den letzten Jahren eine steile Karriere als Salatpflanze, Pizzabelag und Pesto gemacht. Dabei war die am Mittelmeer heimische Pflanze schon in der Antike als Salat und Heilkraut bekannt und geriet dann nur in Vergessenheit.

Gesundheitlicher Wert

Viel Vitamin C, Carotin und Mineralstoffe, insbesondere Natrium, Kalium, Magnesium, Phosphor und Kalzium. Rauke fördert die Verdauung und stärkt das Immunsystem. Die jungen Blätter haben einen fein-würzigen Geschmack.

Anbauen

Direkte Aussaat von Mai bis September mit einem Abstand zwischen den Reihen von 15 Zentimetern, bevorzugt an sonnigen oder leicht schattigen Plätzen. Für ständig frischen Nachschub, sollte man alle drei Wochen einen neuen Satz Rauke aussäen.

■ Schwachzehrer: In der Regel reichen die Nährstoffreserven aus der Vorkultur.

Der Zuckerhut (links im Bild) heißt so, weil vor allem seine inneren Blätter nicht so viele Bitterstoffe enthalten.

Rucola ist nicht nur lecker im Salat, man kann aus ihr auch köstliches Pesto machen.

- Falls es Probleme mit Erdflöhen gibt, sollten die Pflanzen mit einem Netz (Maschenweite bis 0,8 mm) überspannt werden.
- Bei heißer und trockener Witterung nimmt die Schärfe in den Blättern zu und die Pflanzen beginnen schnell zu blühen.
- Regelmäßiges Wässern ist wichtig, andernfalls wird das Aroma der Blätter scharf.
- Die Samen sind mindestens sechs Jahre lang haltbar.

Mischkultur
Rauke sollte nicht zweimal hintereinander auf dem gleichen Beet bzw. in der gleichen Erde angebaut werden. Auch andere Kreuzblütler wie Asia-Salate und Radieschen sind als Vorkultur von Rauke ungeeignet. Man sollte etwa vier Jahre lang warten und dort zwischenzeitlich lieber Gemüsearten aus anderen Pflanzenfamilien anbauen.

Ernten
Die Blätter schneiden, wenn diese nach einigen Wochen etwa fünf bis zehn Zentimeter lang sind. Wartet man zu lange werden sie zäh und bitter. Meist ist noch ein weiterer Schnitt möglich, bevor die Pflanzen weiß blühen. Möglich ist auch, die blühenden Pflanzen einige Zentimeter über dem Boden abzuschneiden und dann wieder die ersten frischen Blätter zu ernten.

Empfehlenswerte Arten
Zu unterscheiden sind die **Salat-Rauke** und die Wärme liebende **Wilde Rauke** *(Diplotaxis tenuifolia)* mit langen, schmalen, gezähnten Blättern, die kräftiger schmeckt als die Salat-Rauke. Die am Mittelmeer wild vorkommende Pflanze ist mehrjährig, wächst also nach jedem Schnitt, sofern dieser einige Zentimeter über dem Boden erfolgt, wieder nach. Will man reichlich Blätter ernten, müssen die gelben Blüten konsequent entfernt werden.

Asia-Salate
Brassica juncea, Familie der Kreuzblütler

Asia-Salate lassen sich leicht in Töpfen und Kübeln heranziehen. Sie gedeihen gut auf begrenztem Raum, wenn man sie regelmäßig erntet. Zudem sehen sie hübsch aus.

In einem Forschungsprojekt testete der Agrarwissenschaftler Wolfgang Palme, ob Asia-Salate das ganze Jahr über angebaut und im Baby-Leaf-Stadium (6–8 cm Blattlänge) geschnitten werden können. Noch bei Außentemperaturen von −15 °C wurde jede Woche in den ungeheizten Folientunneln (Innentemperatur −10 °C) geerntet. Sein Fazit: »Asia-Salate besitzen große Innovationskraft und echten ökologischen Wert, da es möglich ist, sie mit minimalem Energieaufwand und damit ohne Klima- und Umweltbelastung anzubauen.«

Gesundheitlicher Wert
Vitamin C, Mineralstoffe, Fruchtsäuren, Senföle und Eiweiß. Die Blätter können roh als Salat oder als Suppe gegessen und auch in der Pfanne geschmort werden.

Anbauen
Die meisten Asia-Salate bilden im Sommer, bei einer Tageslänge von mehr als zwölf Stunden, rasch Blüten. Das spielt keine Rolle, wenn sie im Baby-Leaf-Stadium, also bei einer Blattlänge von ca. acht Zentimetern geschnitten werden. Falls sich schon Knospen und Blüten zeigen, werden diese einfach mitgegessen. Die Aussaat ist ab März möglich.

Möchte man das Blühen vermeiden und mehr Blattmasse ernten, sät man erst zwischen Anfang Juli und Mitte September.

Der Reihenabstand beträgt in jedem Fall zehn Zentimeter, es sei denn, die Pflanzen sollen zunächst groß werden und erst nach Wochen geerntet werden. Dann wählt man mindestens 20 Zentimeter.

- Der Nährstoffbedarf ist etwas geringer als bei Salat. Asia-Salate sind Schwach- bis Mittelzehrer. Im Garten würde man dem Boden ca. fünf Liter reifen Kompost pro Quadratmeter verabreichen. Das entspricht (im Beet und im Topf) einer fünf Millimeter dicken Kompostschicht und etwa 5 % reinem Stickstoff. Die Alternative für die Topfkultur ist eine Portion organischer Dünger.
- Den Boden immer etwas feucht halten.
- Im Beet können Erdflöhe kleine Löcher in die Blätter fressen. Hilfreich ist ein Netz (Maschenweite bis 0,8 mm), das über das Beet gezogen wird. Dieses Problem entfällt in der Regel, wenn die Pflanzen in Kübeln gezogen werden.
- Die Samen sind mindestens sechs Jahre lang keimfähig.

Mischkultur

Günstige Nachbarn sind Tomaten, Bohnen, Spinat, Salat, Mangold, Erdbeeren und Erbsen. In der Fruchtfolge sollten Kohlgewächse, zu denen auch die Asia-Salate gehören niemals zweimal hintereinander auf dem gleichen Beet bzw. im gleichen Boden angebaut werden.

Ernten

Im Sommer erfolgt der erste Schnitt schon nach zwei bis drei Wochen. Es können noch bis zu vier weitere Ernten folgen. Lässt man zum Beispiel die Sorte 'Mizuna' auswachsen, entwickeln die Pflanzen bis zu einem Kilo schwere Blattrosetten.

Empfehlenswerte Sorten

'Red Giant': mit teils rot überlaufenem Laub und leicht scharfem Geschmack, der zum Winter hin milder wird; 'Green in Snow' = 'Grün im Schnee': mit weißer Mittelrippe und senfartig scharfem Geschmack, 'Amsoi': mit breiten, leicht gekräuselten Blättern, kräftigen weißen Rippen und mildem Geschmack; 'Mizuna' = 'Komatsuna': sehr rasch wachsend, mit gefiederten Blättern und mild kohlrabiartigem Geschmack.

Die rot angehauchten Blätter von 'Red Giant' verleihen gemischten Salaten eine angenehme Würze.

Die Sorte 'Green in Snow' schmeckt senfartig und hat hübsche gezackte Blätter mit hellen Adern.

Sommerportulak

Portulaca oleracea subsp. *sativa*, Familie der Portulak-gewächse

Diese zarte Salatpflanze mit runden Blättern und fleischi-gen Stängeln wird vor allem in Frankreich geliebt. Eigent-lich stammt sie jedoch aus Asien und ist dort zum Bei-spiel ein fester Bestandteil der indischen Küche. Die anspruchslosen Pflanzen lassen sich problemlos in Gefä-ßen heranziehen.

Gesundheitlicher Wert

Hoher Vitamin C- und Eisengehalt, viele Mineralstoffe, Omega-3-Fettsäuren, Schleimstoffe und Oxalsäure. Die Blätter werden wegen ihres nussartigen, fein-säuerlichen Geschmacks zu Salaten und Suppen gegeben sowie als Gemüse verspeist.

Anbauen

Bevorzugt werden lockere, eher sandige Böden in voller Sonne. Ausgesät wird von Mitte Mai bis Ende Juli mit ei-nem Reihenabstand von 20 Zentimetern. Die Samen sind fein und brauchen Licht zum Keimen. Daher sollte man sie nur andrücken und anschließend gut feucht hal-ten.

- Der Mittelzehrer sollte wie Salat gedüngt werden (siehe Seite 39/40)
- Trockenheit wird relativ gut vertragen.
- Die Pflanzen lieben die Wärme und sind frostemp-findlich. Schon bei kühlen Temperaturen stockt das Wachstum. Die Mindestkeimtemperatur beträgt 18 °C, optimal sind jedoch 30 °C.
- Die Samen sind vier bis fünf Jahre lang keimfähig.

Mischkultur

Für die Fruchtfolge ist Sommerportulak eine ideale Kul-tur, da es in seiner Pflanzenfamilie nur eine andere Ge-müseart, nämlich den Winterportulak, gibt. Er lässt sich also nach jeder anderen Kultur anbauen und trägt so dazu bei, die Anbaupausen innerhalb anderer Familien (z. B. der Kohlgewächse) einzuhalten. Sommerportulak hat eine kurze Kulturzeit. Er kann also schnell zwischen-durch ausgesät werden, wenn ein Stück Beet frei ist.

Ernten

Der erste Schnitt ist nach etwa vier Wochen fällig. Drei weitere Ernten sind möglich. Blühen die Pflanzen, sind sie nicht mehr genießbar.

Empfehlenswerte Arten und Sorten

Spezielle Sorten finden sich nur in französischen Saat-gutkatalogen, etwa 'Doré à larges feuilles' mit gelben, breiten Blättern und die Sorte 'Vert d'été' mit intensiv grünen Blättern. Gelblaubige Formen sind in der Regel etwas zarter im Geschmack und fäulnisanfälliger als grüne.

Der Sommerportulak mit seinem erfrischenden, fein-säuer-lichen Aroma ist ideal für Sommersalate.

Verschiedene Wintersalate

Im Spätsommer leeren sich schnell die Beete und Töpfe. Wenn ab August die Tage kürzer und kühler werden, lassen sich kaum noch Gemüse neu aussäen. Nur ausgewählte Arten sprießen dann nochmals so üppig, dass sie vor dem Winter lohnenswerte Erträge liefern. Zu ihnen gehören die Asia-Salate, Rauke und Spinat. Eine perfekte Kultur für die Spätsaison sind jedoch vor allem Salate wie Winterpostelein, Feldsalat und Barbarakraut, die allesamt gut mit kühlen Herbsttemperaturen zurecht kommen und sogar den Winterfrösten trotzen, sodass sie bis in den März hinein für frische Vitamine sorgen.

Anbauen

Feldsalat: Direkte Aussaat von Mitte Juli bis Mitte April, Reihenabstand mindestens zehn Zentimeter. Bei Temperaturen über 20°C keimen die Samen schlecht.

Feldsalat braucht einen feuchten Boden. Er lässt sich gut in Kästen und Töpfen ziehen.

Winterportulak: Direkte Aussaat von Juli bis Mitte März, Reihenabstand 15 Zentimeter.
Winterkresse: Direkte Aussaat Juli bis September mit einem Reihenabstand von 20 Zentimetern.

Alle drei Arten sind eher Schwachzehrer. Sie kommen in der Regel mit den Nährstoffreserven im Boden aus, brauchen also keinen extra Dünger, und sie lassen sich gut in Töpfen heranziehen. Stellt man die Pflanzen geschützt auf, wachsen sie sogar während des Winters weiter. Wichtig ist allerdings, dass die Pflanzen immer gut feucht gehalten werden. Das ist auch entscheidend für eine erfolgreiche Aussaat.

Feldsalat

Valerianella locusta, Familie der Baldriangewächse

Der wohl bekannteste Wintersalat wird wegen seines leicht nussigen Geschmacks geliebt. Feldsalat wächst noch gut zwischen 5 und 10°C. Winterharte Sorten widerstehen Frösten von −15°C. Seine Samen sind nur zwei bis vier Jahre lang keimfähig.

Gesundheitlicher Wert

Die Gehalte an Carotin, Vitamin C und Eisen sind höher als bei Kopfsalat. Ätherische Öle verleihen ihm einen angenehm nussartigen Geschmack. Er lässt sich roh und gedünstet zubereiten. Es heißt, Feldsalat sei gut gegen Frühjahrmüdigkeit.

Mischkultur

Gute Partner sind Bohnen, Erdbeeren und Zwiebeln. Feldsalat darf durchaus zweimal hintereinander den gleichen Platz im Beet einnehmen bzw. in die gleiche Topferde gepflanzt werden.

Ernten

Nach etwa acht Wochen können die Pflanzen einmalig geschnitten werden. Gefrorene Blätter nicht ernten und am besten gar nicht anfassen.

Empfehlenswerte Sorten

'Dunkelgrüner Vollherziger' (= 'Verte à coeur plein', robust und gut zum Überwintern geeignet), 'Verte de Cambrai' (robust, schnell wachsend und winterhart), 'Vit' (robust, sehr raschwüchsig und winterfest,) 'Elan' (sehr raschwüchsig, robust und winterhart), 'Holländischer Breitblättriger' (große Blätter, aber nicht winterhart)

Winterportulak, Winterpostelein, Tellerkraut

Claytonia perfoliata, Syn.: *Montia perfoliata*, Familie der Portulakgewächse

Die aus dem Westen Nordamerikas stammende Pflanze wird wie Feldsalat gegessen. Sie gedeiht auch noch im Halbschatten. Dem Winterportulak genügen zum Wachsen 4 °C und er ist bis −20 °C frostfest. Seine optimale Keimtemperatur beträgt 12 °C.

Gesundheitlicher Wert

Vitamin C, Vitamin B, Eiweiß und Mineralstoffe sind vor allem in den Blättern enthalten. Die Pflanze kann auch wie Spinat gekocht werden. In den Stängeln kann sich den Winter über Nitrat einlagern. Sie sollten daher nur in Maßen mitgegessen werden.

Mischkultur

Winterportulak ist gut für die Fruchtfolge, weil er mit kaum einem anderen Gemüse verwandt ist.

Ernten

Am besten fünf Zentimeter unterhalb der Blätter schneiden, damit nur ein Teil des Stiels mitgeerntet wird. Es kann mindestens dreimal geschnitten werden.

Empfehlenswerte Arten

Ein wintergrüner Verwandter ist der Sibirische Portulak *(Montia* bzw. *Claytonia sibirica),* dessen Blätter ebenfalls als Salat gegessen werden können.

Winterkresse, Barbarakraut

Barbarea vulgaris, Familie der Kreuzblütler

Die zweijährige Pflanze mit Blättern, die leicht nach Rettich schmecken, verträgt sogar etwas Schatten. Die Pflanze ist frosthart und liefert den ganzen Winter über frische Würze für Salate und Suppen. Die Samen sind zwei bis drei Jahre lang keimfähig.

Gesundheitlicher Wert

Reich an Vitamin C. Die Pflanze gilt als blutreinigend, appetitanregend und entwässernd. Die reifen Samen können wie Senf verwendet werden.

Ernten

Die Blätter aus der Mitte schmecken am besten. Wird nicht so tief geschnitten, wachsen sie nach. Mit der Blüte im April werden diese jedoch unerträglich scharf.

Der frisch-aromatische Geschmack des Winterportulaks gibt Salaten ein exzellentes Aroma.

Mangold

Beta vulgaris var. *cicla*, Familie der Gänsefußgewächse

Der eng mit der Roten Bete verwandte Mangold hat einen doppelten Nutzen. Die Blätter schmecken ähnlich wie Spinat. Die Stiele hingegen werden wie Spargel zubereitet. Typen mit langen kräftigen Stielen heißen auch Stiel- oder Rippenmangold. Der Blatt- oder Schnittmangold bildet dagegen viel Laubmasse.

Gesundheitlicher Wert

Ähnlich wie Spinat, Mineralstoffe, vor allem Eisen, zudem Jod, Kalzium, Carotine, Folsäure, Eiweiß sowie Vitamin C und B-Vitamine.

Anbauen

Ab Mitte April (Rotstielige Sorten erst ab Mai) wird direkt ausgesät. Blattmangold benötigt einen Abstand zwischen den Pflanzen von mindestens 20 Zentimetern, Stielmangold etwa 30 Zentimeter.

- Die Pflanzen haben mittelgroße Nährstoffansprüche, sind also Mittelzehrer. Im Garten würde man sieben Liter reifen Kompost pro Quadratmeter vor der Aussaat in den Boden einarbeiten. Das entspricht (im Beet und im Topf) einer Schicht von sieben Millimetern Kompost. Alternativ gibt man einen organischen Dünger.
- Regelmäßiges Wässern sorgt für zarte Blätter und Stiele.
- An geschützten Plätzen übersteht Mangold sogar den Winter im Freien. Blattmangold ist gegenüber Frost am wenigsten empfindlich. Rote und orangefarbene Sorten sind nicht so robust.
- Die Samen sind ca. sechs Jahre lang keimfähig.

Mischkultur

Günstige Nachbarn sind Rettich, Radieschen, Erbsen und Bohnen. Ungünstig sind Tomaten. Gänsefußgewächse wie Mangold, Rote Bete und Spinat sollten nicht jedes Jahr an gleicher Stelle angebaut werden. Man sollte die Erde wechseln oder drei Jahre lang warten.

Ernten

Blattmangold kann schon geschnitten werden, wenn die Blätter ca. 15 Zentimeter lang sind. Immer einige Zentimeter über dem Boden kappen, damit die Pflanzen gut nachwachsen. Dann sind drei Ernten möglich. Das junge zarte Laub kann auch roh als Salat gegessen werden.

Vom Stielmangold werden die äußeren Blattrippen von Hand abgebrochen. So kann man bis zum Herbst mehrmals ernten. Nach jeder Ernte mit einem organischen Flüssigdünger für frische Nährstoffe sorgen.

Empfehlenswerte Sorten

Stielmangold: 'Glatter Silber' (silberweiße Stiele), 'Bright Lights' (weiße, violette, orangefarbene und rote Stiele), 'Roter Vulkan' (rote Stiele). **Blattmangold**: 'Lukullus' (Blätter und Stiele verwendbar).

Mangold gedeiht prächtig im Topf. Buntstielige Sorten sind so attraktiv wie Zierpflanzen.

Spinat

Spinacia oleracea, Familie der Gänsefußgewächse

Spinat liebt das Schmuddelwetter. Er entwickelt sich optimal, wenn es draußen kühl und feucht ist. Werden die Tage länger und steigen die Temperaturen, treiben die Pflanzen schnell Blüten. Das hat mit seiner Herkunft aus dem Kaukasus zu tun, wo heiße, trockene Sommer ihm das Signal zum Blühen geben.

Gesundheitlicher Wert

Spinat ist reich an Mineralstoffen, besonders Eisen (wenngleich er davon nicht ganz so viel enthält, wie Wissenschaftler lange glaubten – sie hatten sich in der Kommastelle geirrt). Er enthält zudem Carotin, Folsäure, Eiweiß sowie Vitamin C und B-Vitamine. Die wenige Oxalsäure wird durch Zubereitung zum Beispiel mit Milch neutralisiert. Der Nitratgehalt ist im Stängel höher als in den Blättern.

Anbauen

Die Pflanzen vertragen volle Sonne und etwas Schatten. Der Boden sollte tiefgründig und locker sein, denn Spinat treibt bis zu 140 Zentimeter lange Pfahlwurzeln. Ausgesät wird in einem Reihenabstand von 20 Zentimetern zwischen Ende Februar bis Mitte April für die Frühjahrsernte und zwischen Ende Juli und Mitte September für Ernten im Herbst und den Winter über. Die Samen wollen es zum Keimen dunkel haben, deshalb sollte die Saat mindestens drei Zentimeter tief in der Erde liegen.

- Der Nährstoffbedarf des Mittelzehrers ist mit dem des Mangolds vergleichbar. Starke Düngergaben vermeiden, da sich in den Blättern sonst Nitrat und Oxalsäure anreichern.
- Nicht in flache Schalen sondern in mindestens 30 Zentimeter tiefe Gefäße aussäen.
- Ein nicht so enger Abstand in der Reihe fördert die Blattgesundheit.
- Immer für ausreichend Feuchtigkeit sorgen, da Spinat Trockenheit nicht gut verträgt.

- Lichtmangel und hohe Temperaturen führen zu langen Blattstielen und hohen Nitratgehalten.
- Spinatpflanzen mit maximal vier Blättern überwintern am besten. Sie vertragen Fröste bis zu 12 °C, wenn winterharte Sorten ausgesät wurden.
- Die Samen sind vier bis fünf Jahre lang keimfähig.

Mischkultur

Spinat ist für viele andere Gemüsearten ein guter Nachbar, so etwa für Tomaten, alle Kohlarten, Radieschen und Rettiche. Man sollte eine dreijährige Pause einlegen, bevor Spinat wieder in die gleiche Erde ausgesät wird.

Ernten

Erstes Grün kann schon nach sechs Wochen geschnitten werden. Die zarten Blätter aus der Frühjahrs- und Sommerernte schmecken auch lecker als Salat. Später werden die ganzen Pflanzen gekappt. Wartet man mit der Ernte zu lange, werden die Blätter bitter.

Empfehlenswerte Sorten

'Butterfly' (sehr gesund, gut winterhart und spät schossend, daher auch bedingt für den Sommer geeignet), 'Matador' (gut winterhart), 'Verdil' (gut winterhart), 'Gamma' (sehr geringe Neigung zum Schossen, daher vor allem für den Sommer geeignet).

Spinat ist anspruchslos: Er verträgt kühles Schmuddelwetter und einen leicht schattigen Platz.

Tomaten und anderes Fruchtgemüse

Tomaten

Lycopersicon esculentum, Familie der Nachtschattengewächse

Weltweit gibt es rund 10 000 verschiedene Tomatensorten. Im Handel finden sich jedoch nur solche, die gut zu transportieren und zu lagern sind. Deren Geschmack lässt häufig zu wünschen übrig. Wer daher den Reichtum der Aromen von zitronensauer bis zuckersüß genießen möchte, sollte Tomatenpflanzen selbst heranziehen und Früchte reif vom Strauch pflücken.

Tomaten lassen sich an einem warmen und regengeschützten Platz bestens in Töpfen ziehen.

Gesundheitlicher Wert

Zucker, Fruchtsäuren, Mineralstoffe, u. a. Selen, Vitamine (A, B_1, B_6, C, E), Carotinoide, Flavonoide, Phenolsäuren und Ballaststoffe. Erst in den letzten Jahren wurde verstärkt der gesundheitliche Wert erkannt. Tomaten stärken das Immunsystem und beugen Krebserkrankungen vor.

Anbauen

Von der Aussaat bis zur Pflanzung rechnet man ca. sechs Wochen. Die optimale Keimtemperatur für die Samen beträgt 25 °C. Nach dem Entfalten der Blätter genügen tagsüber 18 °C. Rötlich verfärbtes Laub ist ein Zeichen für zu niedrige Temperaturen. Viel Licht ist nötig, damit sich die Pflanzen kompakt und standfest entwickeln. Daher ist eine Aussaat auf der Fensterbank erst ab Mitte März zu empfehlen. Es wird direkt in kleine Töpfe gesät – oder in Saatkisten. Nach zwei bis drei Wochen müssen die Setzlinge aus den Kisten in Töpfe pikiert, also später nochmals in größere Töpfe umgepflanzt werden. Die Jungpflanzen immer gut feucht halten. Ab Mitte Mai kommen die Pflanzen schließlich ins Freie. Wichtig ist eine Übergangszeit, in der man sie abhärtet. Tagsüber stellt man sie an einen geschützten Platz in den Schatten, nachts werden sie wieder ins Haus geholt, vor allem dann, wenn nochmals Frost angekündigt ist.

Die ausgewachsenen Pflanzen sollten etwa einen Meter Abstand voneinander haben.

- Pflanzen in einen großen Kübel mit mindestens zehn Liter Volumen setzen. Dabei möglichst tief pflanzen. Dann werden sie standfest und gut ernährt. Denn der Stamm bildet im Boden neue Wurzeln.
- Tomaten sind Starkzehrer. Sie brauchen viele Nährstoffe. Im Garten würde man etwa 20 Liter Kompost pro Quadratmeter geben. Dort füllt man diesen direkt ins Pflanzloch. Bei der Kultur im Kübel mischt man der Blumenerde während des Eintopfens eine Hand-

voll Hornspäne unter. Im Laufe des Sommers versorgt man die Pflanzen zudem regelmäßig mit einem organischen Flüssigdünger. Aber man darf es nicht übertreiben: Bei zu hohen Nährstoffmengen faulen die Blüten und fallen ab.

- Tomaten brauchen eine Schnur oder einen Stab, der ihnen Halt gibt.
- Ausgeizen: Die jungen Nebentriebe, die aus den Blattachseln sprießen, werden herausgebrochen. In der Regel sollen die Pflanzen nur einen Haupttrieb haben, damit die Früchte von allen Seiten viel Sonne bekommen. Buschtomaten müssen allerdings nicht ausgegeizt werden.
- Kraut- und Knollenfäule (Phytophthora) kann zum Problem werden. Befallen werden Pflanzen mit Früchten, wenn das Laub mindestens vier Stunden lang nass ist. Blätter und Früchte werden zunächst fleckig und schließlich braun. Pflanzen daher am besten vor Nässe/Regen schützen, z. B. mit einer Überdachung oder mit Plastikhauben.
- Weiterhin: Blätter in Bodennähe entfernen, damit diese nicht nass werden, und die Pflanzen nur von unten in den Topf hineingießen.
- Werden die Pflanzen eher trocken gehalten, verbessert sich das Aroma der Früchte. Es darf aber nicht zum Wassermangel kommen.
- Die Samen sind ca. sechs Jahre lang keimfähig.

Mischkultur

Gute Partner sind Neuseeländer Spinat, Basilikum, Petersilie, Spinat, Radieschen, Rettiche, Pflück- und Zichoriensalate, Pfefferminze, Möhren. Ungünstig sind Erbsen und Gurken.

Ernten

Nach und nach die reifen Früchte pflücken, die mit Ausnahme einiger Sorten (z. B. 'Green Zebra') an der roten Färbung zu erkennen sind.

Sind einige Früchte im Herbst noch nicht ausgereift, schneidet man ganze Rispen ab und hängt diese an einen dunklen, warmen Ort, am besten in die Nähe von Äpfeln. Dort reifen die Tomaten noch etwas nach.

Empfehlenswerte Sorten

Cocktailtomaten: 'Zuckertraube' (lange Trauben mit roten Früchten), 'Yellow Submarine' (gelbe birnenförmige Früchte), 'Black Cherry' (lange Rispen mit dunkelbraunen Früchten). **Runde Salattomaten**: 'Matina' (frühe, robuste Freilandtomate), 'Ruthje' (aromatisch, geringe Nährstoffansprüche), 'Green Zebra' (grün mit gelben Streifen), 'Auriga' (mittelfrüh, gelborange Früchte). **Fleischtomaten**: 'Ochsenherz' (herz- bis beutelförmig), 'Marmande' (frühreif, flachrund, leicht gerippt), 'Berner Rose' (leicht rosa Fruchtfarbe, dünne Haut).

Ein Stab gibt den Pflanzen Halt, vor allem dann, wenn sie mit vielen Früchten bestückt sind.

Kirschgroße Wildtomaten (sind robust gegen die Krautfäule, haben genügsame Nährstoffansprüche, werden mehrtriebig gezogen und müssen nur etwas ausgelichtet werden): 'Rote Murmel' (rote Buschtomate, gut für Töpfe geeignet), 'Golden Currant' (gelbe Buschtomate, gut für Töpfe geeignet).

Die in Belgien gezüchtete Cocktailtomate 'Tempête de Sable' trägt volle Trauben mit süßen Früchten.

Paprika und Chili

Capsicum annuum und *Capsicum frutescens*, Familie der Nachtschattengewächse

Die wärmebedürftigen Pflanzen müssen viel Sonne tanken. An einem geschützten Platz lassen sie sich problemlos in Kübeln ziehen. Vor allem Chili gedeiht sehr gut in Töpfen, weil sich die Erde dort schnell erwärmt. Ohne Gewächshaus sollte man keilförmige Paprikasorten bevorzugen, zum Beispiel Peperoni. Sie heißen in Österreich Pfefferoni und sind schlanke, mehr oder weniger scharf schmeckende Paprika.

Gesundheitlicher Wert

Paprika stärkt das Immunsystem und beugt Krebserkrankungen vor. Dafür sorgen u.a. Mineralstoffe, Folsäure, Carotin, Vitamine B_1, B_2, B_3, B_6, C und E sowie Fruchtsäuren. Die Werte sind in reifen (roten) Früchten höher als in grünen. Grüne Früchte werden von vielen Menschen nicht gut vertragen.

Anbauen

Aussaat ab Anfang März. Die optimale Keimtemperatur für die ersten drei Wochen beträgt 25–30 °C. Danach genügen mindestens 20 °C. Bei zu niedrigen Temperaturen keimt das Saatgut nicht oder nur schlecht. Die Anzucht ist sonst ähnlich wie bei Tomaten. Sie dauert bei Paprika mit mindestens neun Wochen allerdings länger. Die Aussaat kann direkt in kleine Töpfe oder in Saatkisten erfolgen, aus denen die Keimlinge dann nach drei Wochen in Töpfe pikiert werden. Ganz wichtig ist das Abhärten der Pflanzen. Einige Wochen vor dem Umquartieren nach draußen sollte man die Pflanzen schon tagsüber an einen geschützten, schattigen Ort ins Freie stellen. Paprika kommen Mitte Mai, Chili erst vier Wochen später dauerhaft nach draußen. Der Abstand zwischen den Pflanzen beträgt am besten 50 Zentimeter.

■ Paprika und Chili sind Starkzehrer. Sie haben die gleichen Nährstoffansprüche wie Tomaten. Pflanzen die im Topf (mindestens zehn Liter groß) gezogen werden, sollten den Sommer über mit einem organischen Dünger flüssig gedüngt werden – lieber häufiger und dafür nicht so hoch dosiert, sonst können die Blüten faulen.

■ Bis zum Fruchtansatz die Pflanzen sparsam wässern. Reifen die Früchte heran, ist der Wasserbedarf hingegen hoch. Wichtig ist eine gleichmäßige Wasserversorgung. Die Pflanzen möchten hin und wieder überbraust werden.

■ Die erste Knospe an der Pflanzenspitze entfernen, damit der Strauch zunächst noch kräftig weiter wächst und seine Kraft nicht sogleich in die Fruchtentwicklung steckt.

■ Die Pflanzen brauchen einen Stützstab, an den auch Früchte tragende Äste fest gebunden werden.

■ Die Samen sind rund fünf Jahre lang keimfähig.

Mischkultur
Günstige Partner sind Salate.

Ernten
Die Ernte beginnt mit den grünen Früchten etwa sechs Wochen nach der Pflanzung. Voll reife, also ausgefärbte Früchte werden rund vier Wochen später geschnitten.

Empfehlenswerte Sorten
Gemüsepaprika: 'Neusiedler Ideal' (Blockform fürs Freiland), 'Pusztagold' (hellgelbe Blockform fürs Freiland), 'Sommergold' (gelb/orangefarbene Blockform fürs Freiland), 'Korosko' (längliche Form fürs Freiland), 'Ferenc Tender' (Längliche, hellgelbe Form fürs Freiland).
Peperoni: 'Milder Spiral' (milde Form fürs Freiland), 'De Cayenne' (scharfe Form).

Für die Topfkultur im Freien eignen sich keilförmige Paprikasorten am besten. Sie sollten in jedem Fall einen warmen, geschützten Platz bekommen, damit die Früchte gut ausreifen.

Salatgurken

Cucumis sativus, Familie der Kürbisgewächse

Schlangengurken, wie man sie aus dem Supermarkt
kennt, wird man ohne Gewächshaus nicht heranziehen
können. Doch es gibt eine Reihe von Salatgurken, die
auch im Freiland und sogar in Kübeln gedeihen. Diese
etwas hartschaligen und aus der Mode gekommenen
Varietäten sollten wieder eine Chance bekommen. Denn
sie liefern uns gesunde knackige Früchte.

Rankende Gurkensorten brauchen ein Gitter, an dem sie
emporgeleitet werden können.

Gesundheitlicher Wert

Die Inhaltsstoffe entsprechen denen der Zucchini. Allerdings sind diese in den Salatgurken aufgrund des höheren Wassergehalts weniger stark dosiert.

Anbauen

Aussaat ins Freiland: Dazu muss der Boden mindestens
13 °C warm sein. Besser man sät ab Mitte Mai in Töpfe
und deckt die Saat mit einem Marmeladenglas oder
schwarzer Folie ab. So erwärmt sich der Boden schneller.
Die optimale Keimtemperatur liegt bei mindestens
24 °C. Glasglocken, die über den Topf gestülpt werden,
sind daher hilfreich. In ihrem Schutz entwickeln sich
auch junge Pflanzen gut weiter.

Bei einer Vorkultur der Pflanzen wird drei Wochen früher
im Zimmer direkt in Töpfe ausgesät (Gurkenwurzeln vertragen das Pikieren nicht gut). Auch beim Umpflanzen
sollte man vorsichtig zu Werke gehen. Ab Mitte Mai
kommen die Pflanzen nach draußen in große Töpfe mit
mindestens zehn Liter Volumen. Im Beet setzt man die
Pflanzen in einem Abstand von 50 Zentimetern. Stellen
Sie die Gurken an einem sonnigen, windgeschützten
Platz auf – sie sind sehr wärmebedürftig.

■ Gurken sind Starkzehrer und müssen wie Tomaten
  gedüngt werden. Ihre feinen Wurzeln breiten sich
  flach aus. Der Boden sollte daher locker und humos
  sein. Im Hochbeet ist ein grober Kompost vorteilhaft.
  Für Gefäße ist Kübelpflanzenerde zu empfehlen, in
  die eine Handvoll Hornspäne gemischt wird.
■ Jauche aus Beinwell deckt den hohen Kali-Bedarf.
  Alternativ kann während der Fruchtentwicklung regelmäßig ein flüssiger organischer Dünger verabreicht
  werden.
■ Die rankenden Pflanzen werden am besten an Schnü-
  ren oder Gerüsten emporgeleitet. Bei einer Höhe von
  eineinhalb bis zwei Metern den Spitzentrieb heraus-
  brechen, dann entwickeln sich mehr Seitentriebe.
  Werden auch diese zu lang, können sie ebenfalls
  gekappt werden.

- Wichtig ist eine regelmäßige Bewässerung. Die Erde darf niemals völlig austrocknen. Morgens gießen, damit die Bodenoberfläche über den Tag abtrocknet. Das hilft gegen den Falschen Mehltau, der auf den Blättern gelbe Flecken hervorruft.
- Die Samen sind mindestens vier Jahre lang keimfähig.

Mischkultur

Gute Partner sind Zwiebeln, Bohnen, Rote Bete, Salat, Knoblauch und Dill. Ungünstig sind dagegen Tomaten, Radieschen und Rettiche. Wie alle Kürbisgewächse sollten auch Gurken nur alle vier Jahr an gleicher Stelle bzw. im gleichen Boden wachsen.

Ernten

Etwa neun Wochen nach der Aussaat kann man die ersten Früchte pflücken. Wichtig ist, dass regelmäßig geerntet wird, andernfalls setzt die Pflanze wenig neue Früchte an.

Empfehlenswerte Sorten

'Tanja' (dunkelgrüne, bitterfreie Freilandgurke), 'White Wonder' (weißschalige Freilandgurke), 'Gergana' (glattschalige Feilandgurke mit zarter Haut).

Die typischen Freilandgurken haben gedrungene Formen und eine relativ feste Außenhaut.

Zucchini

Cucurbita pepo, Familie der Kürbisgewächse

Der Name stammt aus dem Italienischen und bedeutet so viel wie Minikürbis, mit denen Zucchini eng verwandt sind. Männliche und weibliche Blüten sind auf der Pflanze getrennt. Erstere sind deutlich länger gestielt und erscheinen meist zuerst. Nur weibliche Blüten, die am großen Fruchtknoten zu erkennen sind, bringen Früchte hervor. Zwei Pflanzen erhöhen die Wahrscheinlichkeit der Bestäubung und damit die Fruchtausbeute.

Neben den Früchten sind auch die hübschen Zucchiniblüten roh oder in Teig gebacken genießbar.

Gesundheitlicher Wert

Mineralstoffe, z. B. Kalium und Vitamin E. Der hohe Überschuss an Basen löst im Körper Harnsäure. Man sagt, Zucchini wirkt basisch.

Anbauen

Zucchini kann direkt ab Mitte Mai im Freien in ein Beet ausgesät werden. Für eine Vorkultur von Jungpflanzen sät man Mitte April auf der Fensterbank in Töpfe aus. Jede Pflanze hat später einen Platzbedarf von ein mal ein Meter.

- Zucchini sind Starkzehrer. Sie haben die gleichen Nährstoffansprüche wie Tomaten.
- Als Kübelpflanze gezogen, sollten die Töpfe mindestens ein Volumen von 20 Litern haben. Beim Eintopfen mischt man gleich eine Handvoll Hornspäne in die Erde.

Damit sich schnell viele neue Früchte bilden, sollten möglichst häufig junge Früchte gepflückt werden.

- Die optimale Wachstumstemperatur beträgt um die 20 °C.
- In den ersten Wochen nur vorsichtig wässern und düngen. Das fördert das Wachstum der Pflanzen und hält die Blütenbildung zurück.
- Während der Erntephase brauchen die Pflanzen viel Wasser und regelmäßig etwas Flüssigdünger. Werden Blüten abgestoßen, ist häufig Nährstoffmangel die Ursache.
- Wassermangel kann die Früchte bitter machen.
- Ab Mitte Juli überzieht häufig ein weißer Belag die Blätter (Mehltaupilz). Zwar sieht das unschön aus, der Ansatz gesunder Früchte wird dadurch jedoch kaum beeinträchtigt.
- Die Samen sind mindestens vier Jahre lang keimfähig.

Mischkultur

Gute Nachbarn sind Zwiebeln und Bohnen.

Zucchini und alle anderen Kürbisgewächse sollten nur alle vier Jahre am gleichen Platz bzw. in der gleichen Erde angebaut werden.

Ernten

Die Ernte beginnt etwa fünf Wochen nach dem Pflanzen. Es sollten junge Früchte gepflückt werden (zwischen 12 und 25 cm Länge), denn diese sind butterweich. Außerdem bilden sich dann schneller neue Früchte. Auch die Blüten lassen sich ernten. Besonders ertragreich ist die Sorte 'Alberello', weil sie viele weibliche Blüten mit großen Fruchtknoten ansetzt, die besonders lecker sind.

Empfehlenswerte Sorten

'Albarello' (helle, leicht marmorierte, frühe Früchte), 'Cocozelle von Tripolis' (grüne gerippte, mittelspäte Früchte), 'Gold Rush' (goldgelbe, mittelfrühe Früchte). Rankende Formen (sie lassen sich am Gitter ziehen): 'Temprano de Argelia' (hellgrüne, frühe Früchte), 'Black Forest' (dunkelgrüne mittelfrühe Früchte, wird bis zu 200 cm hoch).

Kürbis

Cucurbita-Arten, Familie der Kürbisgewächse

Kürbispflanzen können groß werden – vor allem wenn sie gut mit Nährstoffen versorgt sind. Vielleicht hat man schon auf dem Kompost wuchernde Kürbisse gesehen, deren Ranken durch den halben Garten gewandert sind. Es gibt aber auch Sorten, die sich im Topf ziehen lassen und brav an ihrem Platz bleiben.

Gesundheitlicher Wert

Eiweiß, Fett, Kohlenhydrate, Ballaststoffe, Kalium, Carotin sowie Vitamin B und C. Kürbisse fördern die Verdauung und stärken das Immunsystem. Kürbiskerne wirken sich positiv auf den Cholesterinspiegel und gegenüber Harnwegserkrankungen aus.

Anbauen

Direktsaat ins Freiland ab Mitte Mai ist möglich. Um die Keimung zu beschleunigen, sollte die Saat abgedeckt werden (mehr dazu im Kapitel »Gurken«, siehe Seite 58/59). Für die Vorkultur im Haus wird ab Mitte April in Töpfe ausgesät. Bevor die Pflanzen Mitte Mai nach draußen in große Töpfe mit einem Volumen von mindestens 20 Litern umgepflanzt werden, sollten sie allmählich abgehärtet werden. Dazu stellt man die jungen Pflanzen tagsüber nach draußen an einen geschützten, schattigen Platz. Die optimale Keimtemperatur beträgt mindestens 20 °C. Die Aussaat sollte leicht mit Erde bedeckt und immer feucht, aber nicht klitschnass gehalten werden. Kürbisse bevorzugen einen warmen, sonnigen Standort.

- Kürbisse gehören zu den Starkzehrern. Ihre Nährstoffansprüche sind mit denen der Tomaten vergleichbar.
- Regelmäßige Wassergaben, vor allem während der Fruchtbildung.
- Nach drei bis vier Fruchtansätzen kann man die Triebspitzen abknipsen. So wird das weitere Wachstum gestoppt und die Energie geht von da an die Entwicklung vorhandener Früchte.

- Die Samen sind mindestens vier Jahre lang keimfähig.

Mischkultur

Gute Partner sind Bohnen. Kürbisse nur alle vier Jahre an der gleichen Stelle bzw. im gleichen Boden anbauen.

Ernten

Die Lagerfähigkeit der Kürbisse hängt vom Zeitpunkt der Ernte ab. Die Sorte 'Zappho' zum Beispiel wird wie Zucchini verwendet. Sie wird also jung, in einem noch nicht voll ausgereiftem Zustand geerntet und mit Schale gegessen. Die meisten Kürbisse sollten aber voll ausreifen (erkennbar daran, dass man die Schale nicht mehr mit

Nach vier Fruchtansätzen wird die Triebspitze abgeknipst. So bleibt die Kürbispflanze überschaubar groß.

dem Fingernagel einritzen kann und der Fruchtstiel verholzt ist). Dann lassen sie sich gut lagern. Für die Haltbarkeit ist zudem wichtig, den Stiel an der Frucht zu lassen. Kürbisse werden am besten bei Raumtemperatur an einem luftigen, trockenen Ort aufbewahrt.

Empfehlenswerte Sorten

Für den Topf sind buschig wachsende, schwach rankende und einige rankende Sorten geeignet: 'Zappho' (eine nicht rankende Art mit grünen, runden Früchten), 'Early Summer Crookneck' (ohne Ranken mit gelben gekrümmten Früchten), 'Rondini' (rankend mit vielen kleinen runden Früchten. Als junges Gemüse werden sie wie Zucchini gegessen, ausgereift lassen sie sich gut lagern), 'Sweet Dumpling' (rankend mit runden cremeweißen, grün gerippten Früchten).

Erbsen

Pisum sativum, Familie der Schmetterlingsblütler

Für ein ganzes Erbsengericht wird die Anbaufläche auf Balkon oder Terrasse wohl kaum reichen. Doch zum Naschen oder zum Verfeinern von Salaten genügen wenige Pflanzen, die sogar im Blumenkasten gedeihen. Mit ihren Ranken halten sie sich am Balkongeländer fest. Schal- bzw. Palerbsen haben kleine glatte Samenkörner. Sie schmecken weniger süß als Markerbsen, deren Körner schrumpelig und relativ groß sind. Zuckererbsen werden mit Hülse gegessen.

Gesundheitlicher Wert

Erbsen enthalten im grünen Korn Eiweiß, Kohlenhydrate, Fett, Lecithin, Mineralstoffe, Vitamine sowie Phytinsäure

Der Anbau von Kürbissen lohnt allein schon wegen der Vielfalt schöner Früchte. Für die Kultur im Topf sollte man sich allerdings auf buschig wachsende und schwach rankende Sorten beschränken.

und Protease-Inhibitoren, die als krebsvorbeugend und cholesterinsenkend gelten.

Anbauen

Aussaat im Freien ab Anfang März (Palerbsen) und ab Anfang April (Mark- und Zuckererbsen) mit einem Reihenabstand von 20 Zentimetern. Alle fünf Zentimeter sollte ein Saatkorn etwa fünf Zentimeter tief in den Boden gedrückt werden. Ab Mitte Mai bilden sich die Blüten. Bis dahin sollen die Pflanzen kräftig gewachsen sein, damit sie viele Hülsen ansetzen – optimal sind Temperaturen zwischen 12 °C und 20 °C.

- Die Pflanzen sind Schwachzehrer. Sie brauchen nur zu Beginn einige Nährstoffe. Ihre Wurzeln verbünden sich mit Knöllchenbakterien, die aus der Luft Stickstoff sammeln können. Dieser kommt auch noch der nachfolgenden Kultur zugute.
- Die Pflanzen brauchen eine Rankhilfe, z.B. Zweige, die in das Gefäß gesteckt werden, Schnüre an der Wand oder ein Balkongeländer.
- Bei Trockenheit und Staunässe werden Blüten abgestoßen. Der Boden sollte daher immer gut feucht, niemals jedoch länger klitschnass sein.
- Die Samen sind mindestens vier Jahre lang keimfähig.

Mischkultur

Gute Partner sind: Radieschen, Rettiche und Salat. Ungünstig sind Tomaten, Bohnen, Knoblauch und Kartoffeln. Erbsen und andere Schmetterlingsblütler sollten erst nach mindestens drei Jahren wieder an gleicher Stelle bzw. in gleicher Erde angebaut werden.

Ernten

Ab Ende Mai die Zuckererbsen, deren Hülsen noch zart sein sollen und ab Anfang Juni Mark- und Schalerbsen.

Empfehlenswerte Sorten

'Denise' (früh, 65 cm hohe, gegen Krankheiten wie Mehltau resistente Zuckererbse), 'Ambrosia' (mittelfrühe 70 cm hohe Zuckererbse), 'Wunder von Kelvedon'

Erbsen sind nicht nur lecker zum Naschen, sie sehen auch hübsch aus, wie diese Sorte mit blauen Hülsen.

(frühe 70 cm hohe **Markerbse**), 'Hunter' (sehr frühe 50 cm hohe Markerbse), 'Gloriosa' (frühe 60 cm hohe Markerbse), 'Ambassador' (mittelfrühe, 80 cm hohe, gegen Krankheiten wie Mehltau resistente Markerbse), 'Maiperle' (frühe 50 cm hohe **Palerbse**), 'Kleine Rheinländerin' (frühe 50 cm hohe Palerbse).

Buschbohnen

Phaseolus vulgaris var. *nanus*, Familie der Schmetterlingsblütler

Bohnen enthalten viel Eiweiß. Weltweit spielen sie daher eine wichtige Rolle als Grundnahrungsmittel – vor allem dort, wo Fleisch Mangelware ist. Je nach Sorte haben Buschbohnen grüne, gelbe (»Wachsbohnen«) oder blaue Hülsen. Man kann sie leicht kultivieren, wenn die Pflanzen einen warmen, geschützten Platz bekommen.

Die Ernte vom Balkon wird kaum für ein Erbsengericht, doch zum Verfeinern von Salaten reichen.

Gesundheitlicher Wert

Bohnen sind reich an Mineralstoffen, Proteinen (Eiweiß), Vitaminen und Ballaststoffen. Sie enthalten zudem Lektine (Phaseolin), Flavonoide und Saponine. Diese wirken blutzucker- und cholesterinsenkend, antibakteriell sowie krebsvorbeugend. Roh sind Bohnen allerdings leicht giftig.

Anbauen

Auf Wind und Frost reagieren Bohnen empfindlich. Zum Keimen brauchen sie mindestens 10 °C. Daher werden sie erst zwischen Mitte Mai und Mitte Juli ausgesät. Doch Buschbohnen vertragen leichten Schatten. Die Samen im Abstand von zehn Zentimetern flach in den Boden drücken (höchstens zwei Zentimeter tief). Man sagt, »Bohnen wollen die Glocken läuten hören«. Der Abstand zwischen den Reihen beträgt 40 Zentimeter. Bei Kälte (unter 12 °C) werfen die Pflanzen Blüten ab, bei Hitze (über 28 °C) kümmern die Hülsen.

- Gefäße sollten pro Pflanze mindestens zehn Liter Volumen haben. Pro Topf können drei bis vier Bohnen abgelegt werden.
- Bohnen sind Schwachzehrer. Sie benötigen wie die Erbsen nur zu Beginn einige Nährstoffe, die meist noch aus der Vorkultur vorhanden sind. Ihre Pflanzenwurzeln verbünden sich mit Knöllchenbakterien, die aus der Luft Stickstoff sammeln können. Davon profitiert auch noch die nachfolgende Kultur.
- Saure Böden mit einem pH-Wert unter 6 hemmen das Wachstum. So ist reiner Torf ungeeignet.
- Wurzelfliegen können Samen und Keimling zerstören. Verrottendes organisches Material wie Kompost, Bio-Dünger etc. zieht die Fliegen an. Abhilfe schafft ein feinmaschiges Netz (Maschenweite maximal 0,8 Millimeter) und Vlies. Damit wird die Saat abgedeckt.
- Die Samen sind mindestens vier Jahre lang keimfähig.

Mischkultur

Gute Partner sind Mais, Tomaten, Rote Bete, Radieschen, Rettiche, Salat, Knoblauch, Gurken und Mangold. Ungünstig sind Zwiebeln und Erbsen. Bohnen und andere

Schmetterlingsblütler sollte man nur alle vier Jahre am gleichen Standort bzw. in der gleichen Erde anbauen.

Ernten
Die Ernte beginnt frühestens 70 Tage nach der Aussaat. Die Hülsen regelmäßig pflücken, damit sich neue bilden.

Empfehlenswerte Arten und Sorten
'Maja' (sehr früh, runde grüne Hülsen), 'Marona' (sehr früh, grüne rundovale Hülsen), 'Maxi' (früh, grüne runde Hülsen), 'Cupidon' (feine grüne runde Hülsen), 'Helios' (früh, gelbe runde Hülsen), 'Purple Teepee' (blaue Hülsen – werden beim Kochen grün).

Stangenbohnen (*Phaseolus vulgaris* var. *vulgaris*) haben ähnliche Ansprüche wie Buschbohnen. Sie brauchen allerdings größere Töpfe (mindestens 20 Liter Volumen). Zudem steckt man drei Stangen in den Topf und bindet diese wie ein Tipi-Zelt oben zusammen. Je Stange legt man drei Bohnen ab, z. B. von: 'Trebona' (sehr früh, grüne flachoval Hülsen), 'Neckarkönigin' (mittelfrüh, runde Hülsen), 'Neckargold' (mittelspät, gelbe runde Hülsen), 'Blauhilde' (mittelspät, blaue flachrunde Hülsen). **Feuerbohnen** (*Phaseolus coccineus*) brauchen ebenfalls Stangen zum Emporwinden. Sie sind noch robuster als Stangenbohnen und vertragen raueres Klima. 'Preisgewinner' (blüht rot, flache grüne Hülsen).

Stangenbohnen, wie die Sorte 'Neckargold', brauchen Stecken oder Rankgitter zum Emporklimmen.

Buschbohnen vertragen leichten Schatten und wollen in jedem Fall windgeschützt stehen.

Möhren und anderes Wurzelgemüse

Möhre, Gelbe Rübe

Daucus carota subsp. *sativus*, Familie der Doldenblütler

Möhren wachsen bei uns auch als »Unkraut«. Dann heißen sie Wilde Möhre – das Gewächs mit den fiederartigen Blättern und weißen Blütenschirmen ist der Urahn der Speisemöhre. Auch Speisemöhren bilden im Folgejahr schirmförmige Blütendolden, wenn man sie lässt. Für den Eigenanbau sind vor allem Sorten interessant, die nicht so leicht im Handel zu bekommen sind, etwa solche mit weißen, gelben und violetten Rüben.

Gesundheitlicher Wert

Hoher Carotingehalt, Zucker, viele Mineralstoffe, Vitamine C und E, ätherische Öle, Pektin sowie Ballaststoffe. Möhren spielen für die Säuglings- und Diätnahrung eine große Rolle. Roh gegessen, fördern sie die Verdauung und beugen Infektionskrankheiten vor. Ihre ätherischen Öle wirken antibakteriell.

Töpfe müssen mindestens 25 Zentimeter hoch sein, wenn Möhren darin angebaut werden sollen.

Anbauen

Die Aussaat von Frühmöhren mit einem Reihenabstand von 30 Zentimetern ist schon ab Februar möglich. Um die Entwicklung zu beschleunigen, deckt man sie zunächst mit einem Vlies ab. Möhren brauchen Platz, um kräftige Rüben zu entwickeln. Da man die feinen Samen von Hand zu dicht sät, müssen die Reihen ausgedünnt werden (auf 2 cm Abstand zwischen den Pflanzen), sobald die Keimlinge einige Zentimeter hoch sind. Lagermöhren werden Anfang Juni gesät.

- Wird in Töpfe ausgesät, sollten diese mindestens 25 Zentimeter hoch sein.
- Möhren sind Mittel- bis Schwachzehrer. Sie vertragen keine hohen Nährstoffgehalte. Dann bilden sie nur kleine Rüben aus. Am besten versorgt man sie mit etwas reifem Kompost, im Garten wären fünf Liter pro Quadratmeter angemessen. Das entspricht (im Beet und im Topf) einer Schicht von fünf Millimetern. Die Alternative ist ein organischer Dünger.
- Gleichmäßige Feuchte ist optimal. Zu viel Wasser fördert das Laubwachstum und führt zu unförmigen, verzweigten oder faulen Rüben.
- Lästig ist der Befall durch Möhrenfliegen, da ihre Maden in den Rüben dunkle Fraßgänge hinterlassen. Feinmaschige Netze (Maschenweite maximal 0,8 Millimeter) können die Fliege fernhalten. Bewährt hat sich auf Beeten auch das Einsäen von Erdklee (*Trifolium subterraneum*) parallel zu den Möhrenreihen.
- Die Samen sind etwa drei Jahre lang keimfähig.

Mischkultur

Gute Partner sind Zwiebeln, Zichoriensalat, Tomaten, Radieschen, Rettiche, Mangold, Knoblauch und Erbsen. Möhren sowie andere Doldenblütler sollten höchstens alle vier Jahre an gleicher Stelle bzw. im gleichen Boden angebaut werden.

Ernten

Nach drei bis vier Monaten sind Frühmöhren erntereif. Bleiben die Rüben zu lange im Boden, bilden sie feine Haarwurzeln oder platzen auf.

Lagermöhren werden erst geerntet, wenn sich die Blattspitzen gelb oder rot verfärben. Im Juni gesäte Möhren können im Beet überwintern, wenn sie mit Stroh oder Laub abgedeckt werden.

Empfehlenswerte Sorten

Frühe Möhren, sie heißen auch **Sommermöhren**, mit einer kurzen Reifezeit von etwa drei Monaten sind auf kleinen Flächen zu empfehlen. Dazu zählt die Gruppe der Nantaise-Typen, die es in verschiedenen Sorten gibt wie 'Fanal' (mittelfrüh, orange, lang zylindrisch) und 'Milan' (früh, orange, mittellang zylindrisch). Ungewöhnlich gefärbte Sorten: 'Yellowstone' (spät, gelb), 'Purple Haze F_1' (mittelfrüh, violett), 'White Satin F_1' (mittelfrüh, weiß). **Lagermöhren**: 'Rolanka' (spät, orange, leicht konisch), 'Lange Stumpfe' (spät, spitz zulaufend).

Pastinaken

Pastinaca sativa, Familie der Doldenblütler

Dieses alte Wurzelgemüse, dem auch Heilwirkungen zugeschrieben werden, verlor bei uns mit der Einführung von Möhren und Kartoffeln fast völlig an Bedeutung. In England, den USA und Frankreich wird es dagegen häufig angebaut. Pastinaken sind frosthart und robuster als Möhren, mit denen sie verwandt sind. Sie werden gekocht oder als Rohkost verspeist.

Gesundheitlicher Wert

Vitamin C, Vitamin E, viele Mineralstoffe, z. B. Kalium, Kalzium, Phosphor sowie ätherische Öle. Pastinaken wirken harntreibend und appetitanregend. Sie sind so gesund, dass sie vielfach zu Babynahrung verarbeitet werden.

Anbauen

Aussaat von März bis Mitte Juni mit einem Reihenabstand von 30 Zentimetern. Es dauert bis zu drei Wochen, bis die Samen keimen. Wichtig ist, dass

Für den Eigenanbau sind vor allem Möhrensorten mit ungewöhnlich gefärbten Rüben interessant.

Pastinaken sind attraktiv, robust und gesund. Sie haben es verdient, wieder mehr angebaut zu werden.

der Boden in dieser Zeit feucht gehalten wird. Die Pflanzen auf einen Abstand von acht Zentimetern ausdünnen.

- Die Gefäße sollten mindestens eine Tiefe von 40 Zentimetern haben, damit sich die schlanken Rüben gut entwickeln können.
- Pastinaken sind Mittelzehrer. Ihr Nährstoffbedarf entspricht dem von Salat. Zu Beginn der Kultur sollte die Erde mit Kompost oder einem organischen Dünger vermengt werden. Während der Entwicklung brauchen die Pflanzen keinen zusätzlichen Dünger. Das würde das Wachstum der Blätter und nicht das der Wurzeln fördern.
- Den Boden feucht halten und die Oberfläche auflockern. Die Wurzeln brauchen neben Feuchtigkeit auch Sauerstoff, um gut zu wachsen.
- Die Samen sind nur ein Jahr lang keimfähig.

Mischkultur

Gute Partner sind Zwiebeln, Zichoriensalat, Tomaten, Radieschen, Rettiche, Mangold, Knoblauch und Erbsen. Wie andere Doldenblütler auch sollten Pastinaken höchstens alle vier Jahre an gleicher Stelle bzw. im gleichen Boden angebaut werden.

Ernten

Zwischen Anfang September und Oktober werden die Wurzeln normalerweise gerodet. Sie können aber auch den Winter über in der Erde gelassen werden, um nach Bedarf geerntet zu werden. Die Einwirkung von Frost macht sie sogar noch aromatischer.

Empfehlenswerte Sorten

'Arrow' (schlanke Wurzeln, zart und süß im Geschmack), 'Aromata' (schlanke, butterfarbene Wurzeln, süßer aromatischer Geschmack).

Radieschen und Rettich

Raphanus sativus, Familie der Kreuzblütler

Radieschen wachsen fix. Im Frühjahr liefern sie als eines der frühesten Gemüse frische Ernten. Rettiche brauchen etwas länger. Von beiden Arten gibt es rote, rosa, weiße, violette, gelbe und braune Sorten. Von dieser Vielfalt kann nur profitieren, wer die Pflanzen selbst anbaut. Wird alle zwei Wochen ausgesät, erhält man immer knackigen Nachschub.

Gesundheitlicher Wert

Mineralstoffe, vor allem Kalium, Zucker, Vitamin C und Senföle, die sogenannten Glucosinolate. Auf ihnen beruht auch die gesundheitliche Wirkung. Rettich gilt sogar als alte Heilpflanze bei Leber- und Gallenleiden sowie chronischer Bronchitis. Auch wird er als Diät bei Herzerkrankungen und Gelenkrheumatismus empfohlen.

Anbauen

Aussaat der Radieschen direkt ins Freiland ab Anfang März bis August. Rettiche brauchen mehr Wärme zum Keimen. Man sät sie daher erst zwischen Ende April und Ende August. Reihenabstand jeweils 20 Zentimeter, bei großen Rettichen auch 30 Zentimeter. Samen von Radieschen drückt man alle fünf Zentimeter mit dem Finger leicht in die Erde, die des Rettichs alle zehn Zentimeter.

Radieschen brauchen zum Gedeihen viel Licht. Sie vertragen kurze Fröste und wachsen noch bei 10 °C. Optimal sind jedoch rund 15 °C. Bei höheren Temperaturen fangen einige Sorten an zu blühen. Daher sollte man ab Mai Sorten aussäen, die mit sommerlichen Temperaturen gut zurecht ommen.

- Radieschen sind Schwachzehrer. In der Regel ist also keine Düngung nötig. Es reichen die Nährstoffreserven aus der Vorkultur. Rettiche sind dagegen Mittelzehrer. Ihre Nährstoffansprüche sind denen von Salat ähnlich.

- Zum Anbau von Radieschen müssen die Gefäße nur 15 Zentimeter hoch sein, für den Rettichanbau wählt man besser sehr hohe Gefäße (mind. 30 Zentimeter).
- Regelmäßiges Wässern ist wichtig. Der Boden darf nicht völlig austrocknen, sonst werden die Knollen pelzig, scharf im Geschmack und die Pflanzen schossen.
- Abdecken mit Vlies oder feinmaschigen Netzen (Maschenweite maximal 0,8 Millimeter) hilft gegen Erdflöhe, Kohl- und Rettichfliege.
- Die Samen sind mindestens sechs Jahre lang keimfähig.

Mischkultur

Ideale Partner sind Salat, Möhren, Tomaten, Bohnen, Spinat, Petersilie und Mangold. Ungünstig sind Kartoffeln. Radieschen und Rettiche sollte man nur alle vier Jahre an die gleiche Stelle bzw. in die gleiche Erde setzen.

Ernten

Die Kulturdauer der Radieschen beträgt rund vier Wochen. Dann werden die Knollen aus dem Boden gezogen. Wartet man zu lange, können sie hohl und pelzig werden und schossen. Das gilt auch für Rettiche, die mindestens sechs Wochen lang heranreifen müssen. Mit den Fingern kann man ertasten, ob die Knollen prall, knackig und reif für die Ernte sind.

Empfehlenswerte Sorten

Radieschen: 'Marike' (rund, rot, für Frühling und Herbst, milder Geschmack, lange Erntezeit), 'Eiszapfen' (lang, weiß, für Frühling und Herbst, milder Geschmack), 'Sora' (rund, rot, für Sommer und Herbst, würziger Geschmack), 'Rudi' (kugelrund, rot, für Sommer und Herbst), 'Weißer Runder' (für frühen Anbau)
Rettich: 'Ostergruß rosa 2' (halblang, dunkelrosa, für Frühling, Sommer und Herbst)

Im Frühjahr liefern Radieschen als eines der frühesten Gemüse schnell frische Ernten.

Das Radieschen der Sorte 'Weißes Rundes' sorgt in grünen Salaten für hübsche Farbenspiele.

Rote Bete

Beta vulgaris subsp. *vulgaris* var. *vulgaris*, Familie der
Gänsefußgewächse

Seit rund 2000 Jahren sind Rote Bete, deren Wildfor-
men an den Küsten des Mittelmeeres wachsen, als Gemüse und Heilpflanzen bekannt. Bis vor wenigen Jahren
wurden nur rote Sorten angebaut. Vor allem bedeutende
Köche haben gezeigt, wie farbenfroh man Gerichte mit
weißen, gelben und weiß-rot geringelten Sorten zubereiten kann. Bekanntlich isst das Auge schließlich mit. So

sind die alten Sorten heute wieder zu haben, wenn
auch noch sehr selten – es sei denn, man hat sie selbst
herangezogen.

Gesundheitlicher Wert

Die Rübe enthält hohe Gehalte an Kalium, Phosphor,
Kupfer, Eisen, Mangan und Selen sowie Folsäure, organische Säuren, Oxalsäure und Saponin. Auf die Saponine
geht der leicht kratzende Geschmack zurück. Rote Bete
gelten als blutbildend, blutreinigend und sie regen die
Darm- und Leberfunktionen an.

Haben Rote Bete 10 Zentimeter Abstand voneinander, entwickeln sie sich ohne Probleme auch im Topf zu ansehnlichen
Knollen. Wichtig sind vor allem regelmäßige Wassergaben.

Anbauen

Aussaat etwa vier Zentimeter tief ab Mitte April bis Ende Juni mit einem Reihenabstand von 25 Zentimetern. Mehrere Samen heften in einem Knäuel zusammen. Demzufolge stehen die Keimlinge zu dicht beisammen. Sie sollten auf Abstände von zehn Zentimetern ausgedünnt werden. Entfernte Pflänzchen können an anderer Stelle wieder eingesetzt werden.

- Rote Bete sind Mittelzehrer. Ihr Nährstoffbedarf entspricht etwa dem von Salat. Man sollte sie alle drei Wochen mit einem organischen Flüssigdünger versorgen, sobald sich die Rüben bilden.
- Gleichmäßige Wasserversorgung fördert die Größe der Rüben und ihre Qualität.
- Mulchen, zum Beispiel mit Grasschnitt, hält den Boden locker und feucht. Dafür sind die Pflanzen dankbar.
- Die Samen sind mindestens sechs Jahre lang keimfähig.

Mischkultur

Gute Nachbarn sind Zwiebeln, Salat, Knoblauch, Bohnen und Erbsen. Ungünstig sind Kartoffeln, Tomaten, Mangold und Spinat. Rote Bete und andere Gänsefußgewächse sollten nur alle drei Jahre am gleichen Ort bzw. im gleichen Boden angebaut werden.

Ernten

Die Entwicklung der Roten Bete kann bis zu sechs Monate dauern. Frühestens nach drei Monaten wird geerntet. Dann sind die Rüben noch klein und zart. Im Herbst, spätestens vor den ersten Frösten, müssen alle Rüben aus dem Boden sein. Frosteinwirkung verändert den Geschmack.

Nach der Ernte die Blätter nicht abschneiden, nur abdrehen, damit der rote Zellsaft nicht ausläuft. Deshalb die Knollen auch erst nach dem Kochen schälen. Von jungen Pflanzen können die Blätter auch für Salate geerntet werden.

Empfehlenswerte Sorten

'Rote Kugel' (dunkelrot, runde Rübe), 'Robuschka' (dunkelrot, runde Rübe), 'Jannis' (rot, runde Rübe), 'Ägyptische Plattrunde' (dunkelrot, plattrunde Rübe), 'Burpees Golden' (gelb, leicht abgeflachte runde Rübe), 'Goldgelbe' (goldgelb, runde Rübe), 'Blankoma' (weiß, runde Rübe).

Wer hätte das gedacht: Die Roten Bete gibt es auch mit weißen und gelben Rüben.

Die rotschalige Kartoffelsorte 'Francine' hat in dem geräumigen Tonkübel viele Knollen gebildet.

Kartoffeln

Solanum tuberosum, Familie der Nachtschattenge-wächse

Nicht nur die dümmsten Bauern ernten die größten Kartoffeln. Clevere haben sich eine bemerkenswerte Kulturmethode mit Autoreifen ausgedacht: Dazu füllen sie etwas Erde in einen liegenden Reifen und pflanzen Kartoffeln hinein. Sind die Triebe ca. 20 Zentimeter lang, wird ein weiterer Autoreifen darüber gelegt und mit Erde befüllt. Nach einiger Zeit folgt ein dritter Reifen samt Erde. So lässt sich Kartoffelvielfalt auf kleinem Raum kultivieren.

Gesundheitlicher Wert

In den Knollen finden sich Eiweiß, Stärke, Vitamin C, Vitamin B, Carotine, Mineralstoffe, vor allem Kalium und Alkaloide (Solanin). Kartoffeln wirken basisch. Sie kön-nen eine Übersäuerung abbauen. Grüne Stellen sollten herausgeschnitten werden, da sie das giftige Solanin enthalten.

Anbauen

Neben der oben beschriebenen »Reifenmethode« gedeihen Kartoffeln auch in hohen Gefäßen, z. B. Ei-mern, Fässern und Säcken. Die Gefäße werden zunächst zu einem Drittel mit Erde gefüllt und dann mit Knollen bestückt. Sind die Triebe handspannenlang, kommt nochmals Erde darauf. Die unterirdischen Wurzelaus-läufer machen sich im Boden breit und produzieren mit der Zeit viele Kartoffeln.

Vor dem Pflanzen sollten die Knollen drei Wochen lang vorkeimen. Sie werden dicht an dicht in flache Kisten gelegt und hell (kein direktes Sonnenlicht) und kühl (optimal sind 10–15 °C) aufgestellt. Sind die Keime etwa einen Zentimeter lang, kommen die Knollen zehn Zentimeter tief in die Erde. Es sollten nur unverletzte, gesunde Knollen verwendet werden. In ein Gefäß mit einem Durchmesser von 50 Zentimetern können drei Knollen abgelegt werden, in einem Hochbeet legt man sie im Abstand von 25 bis 30 Zentimeter ab. Pflanzzeit: zwischen Mitte April und Mitte Mai. Der Boden sollte mindestens 8 °C warm sein.

- Kartoffeln zählen zu den Starkzehrern. Sie haben die gleichen Nährstoffansprüche wie Tomaten. Am besten mischt man Kompost und Hornspäne in die Erde.
- In verdichteten, nassen Böden faulen die Knollen. Die Gefäße sollten daher unbedingt Löcher haben, aus denen das Wasser abfließen kann.
- Der Wasserbedarf ist mäßig. Sobald sich das Kraut gebildet hat, sollte der Boden immer leicht feucht gehalten werden.

Mischkultur

Gute Nachbarn sind Spinat und Pfefferminze. Ungünstig sind Tomaten, Rote Bete und Erbsen. Kartoffeln sollten nur alle vier Jahre auf derselben Fläche bzw. im selben Boden angebaut werden.

Ernten

Nach etwa drei Monaten können die Knollen geerntet werden. Man gräbt sie zwei Wochen nach Absterben des Krauts aus dem Boden. Dazu am besten eine Grabegabel verwenden. Die Schale wird etwas fester und unempfindlicher gegen Verletzungen, wenn die Knollen noch etwa einen Tag bei Tageslicht abtrocknen. Dann werden sie in einem dunklen, kühlen Raum (weniger als 10 °C) eingelagert.

Empfehlenswerte Sorten

'Sieglinde' (früh, gelbschalig, fest kochend), 'Allerfrüheste Gelbe' (früh, gelbschalig, fest kochend), 'Bamberger Hörnchen' (hellrosa angehauchte Schale, fest kochend), 'Desirée' (mittelfrüh, kräftige rote Schale, vorwiegend fest kochend), 'Nicola' (mittelfrüh, rotschalig, fest kochend), 'Blaue Schweden' (blaue Schale, mehlig kochend).

Kartoffelpflanzen bilden unter der Erde weit reichende Ausläufer, die dicht mit Knollen besetzt sind.

Zwiebeln

Allium cepa var. *cepa*, Familie der Lauchgewächse

Ihre Würze ist einfach unerlässlich. Zudem sind Zwiebeln sehr gesund. Praktisch ist es daher, wenn man zumindest etwas Zwiebellaub, die Schlotten, frisch ernten kann. Die Nutzung – ob Laub oder Zwiebel – hängt teils vom Erntezeitpunkt, teils von der Sorte und Art ab. Lässt man die Pflanzen den Winter über stehen, bilden sie im zweiten Jahr hübsche Blüten, die auch essbar sind.

Gesundheitlicher Wert

Ätherische Öle, Zucker, Mineralstoffe, vor allem Kalium, Saponine, Phenolsäuren, Flavonoide (und bei roten Sorten Anthocyane), Schwefelverbindungen (Allicin), Selen sowie Vitamin C, B_1 und B_2. Zwiebeln wirken antimikrobiell, antixoidativ, thrombose- und entzündungshemmend sowie vorbeugend gegen Krebs. Sie regulieren den Blutdruck und senken den Cholesterinspiegel.

Zwiebeln werden aus dem Boden gezogen, wenn das Laub abgeknickt und teils abgetrocknet ist.

Anbauen

Zwiebeln haben ein hohes Lichtbedürfnis. Sie lieben die volle Sonne.

Steckzwiebeln werden ab Ende März gepflanzt: Sie haben einen Startvorteil, denn schon beim Pflanzen zeigen sie eine gewisse Größe. Der Nachteil: Häufig sind Steckzwiebeln mit Krankheitserregern verseucht. Zudem ist das Sortenspektrum sehr eingeschränkt.

Alternativ nimmt man die direkte Aussaat ab Anfang März vor: Im Garten können sich gesäte Zwiebeln nur schwer gegen Unkräuter behaupten. Doch im Topf und Hochbeet ist das kein Problem. Gesät wird flach (ca. 2 cm tief) mit einem Reihenabstand von 20 Zentimetern. Alle fünf Zentimeter sollte eine Zwiebel stehen. Gegebenenfalls müssen die Pflanzen ausgedünnt werden, es sei denn, man will nur Schlotten ernten. Für Töpfe empfiehlt sich der Anbau von Lauchzwiebeln, die auch Frühlings- oder Bundzwiebeln heißen. Dann kann man bis in den August hinein in Reihe aussäen und muss nicht ausdünnen.

- Zwiebeln sind wie Möhren Schwach- bis Mittelzehrer. Bei zu viel Stickstoff bekommen die Zwiebeln dicke Hälse und bleiben klein.
- Der Boden sollte mäßig feucht sein. Bei Wassermangel gerät das Wachstum ins Stocken und die Zwiebeln bleiben klein. Am besten vormittags gießen, damit die Pflanzen den Tag über wieder abtrocknen.
- Die Samen sind zwei bis drei Jahre lang keimfähig.

Mischkultur

Gute Partner sind Möhren, Pastinaken, Zucchini, Rote Bete, Salat, Kapuzinerkresse, Gurken, Erdbeeren und Dill. Ungünstig sind Erbsen und Bohnen.

Ernten

Ist etwas mehr als die Hälfte des Laubs abgeknickt und trocken, werden die Zwiebeln aus dem Boden gezogen. Vor Regen geschützt, müssen sie noch einige Wochen nachtrocknen, um gut lagerfähig zu sein. Dazu hängt man sie am besten zu Zöpfen geflochten an einem luftigen Ort auf.

Einzelne Schlotten kann man nach Bedarf abschneiden. Sollen später außerdem die Zwiebeln geerntet werden, darf man jedoch nicht zu viel Grün von einer Pflanze entnehmen.

Lauchzwiebeln werden dagegen als ganze Pflanze geerntet, wenn das Laub etwa 40 Zentimeter lang ist.

Empfehlenswerte Arten und Sorten

Als **Lauchzwiebeln** eignen sich besonders: 'Guardsman' (mild, sehr kurze Kulturdauer), 'Pearl Drop' (schneeweiße Knollen, mittellange Kulturdauer), 'Purplett' (lila Knolle, kurze Kulturdauer). Sommerzwiebeln, die sich auch als Lauchzwiebel ernten lassen: 'Sturon' (weiße Knolle, mittellange Kulturdauer), 'Rijnsburg 5/Bajosta'

(weiße Knolle, mittellange Kulturdauer, starkes Laub), 'Robelja' (rote Knolle, mittellange Kulturdauer). **Winterheckenzwiebel** *(Allium fistulosum)*: Von dieser winterharten, mehrjährigen Art werden wie beim Schnittlauch nur die Schlotten geschnitten. So erntet man von ihnen im Frühjahr das erste Zwiebelgrün. Die europäischen Sorten sind im Vergleich zu den asiatischen winterhärter. Im zweiten Jahr bilden sich Blüten. Doch zuvor kann das erste Grün geschnitten werden. Die Pflanzen lassen sich aus Samen ziehen oder man kauft eine Jungpflanze im Topf. Der Pflanzabstand beträgt 30 Zentimeter und die Kübelgröße für eine Pflanze mindestens zehn Liter. Auch die **Etagenzwiebel** *(Allium × proliferum)* ist mehrjährig. Ihre Schlotten werden im Frühjahr wie Schnittlauch geschnitten. Die Brutzwiebeln, die am Ende der Stängel entstehen, sind ab Ende Juli reif. Dann können sie wie Zwiebeln gegessen oder an anderer Stelle eingepflanzt werden. Pflanzabstand und Kübelgröße wie Winterheckenzwiebel.

Lauchzwiebeln haben je nach Erntezeitpunkt auch mehr oder weniger große Zwiebeln ausgebildet.

Von der mehrjährigen Winterheckenzwiebel kann jedes Frühjahr frisches Laub geerntet werden.

Küchenkräuter

Basilikum

Ocimum basilicum, Familie der Lippenblütler

Das aus den tropischen Gebieten Asiens stammende Kraut braucht viel Wärme. In Deutschland wird es schon seit mehr als 800 Jahren kultiviert. Mittlerweile gehört Basilikum zu den beliebtesten Küchenkräutern. Das verdankt es seinem kräftigen Aroma, das Speisen mediterranes Flair verleiht. Dekorativ sind buntlaubige Formen mit verschiedenen Duftnoten. Außerdem gibt es mehrjährige, verholzende Formen, die sich auch überwintern lassen.

Gesundheitlicher Wert

Ätherische Öle, Gerbstoffe, Flavonoide, Mineralstoffe und Saponine geben dem Kraut seinen typischen pfeffrig-süßen Geschmack. Frisch verwendet, passt es am besten zu Tomaten und Salat. Basilikum fördert die Verdauung, beruhigt den Magen und wirkt harntreibend.

Anbauen

Im April auf der Fensterbank in Töpfe aussäen. Basilikum ist ein Lichtkeimer. Die Samen werden nach der Aussaat etwas angedrückt und wenn überhaupt, dünn mit Erde

Vom Strauchbasilikum, etwa der Sorte 'African Blue', kann man den ganzen Sommer über frische Blätter ernten. Mit Glück bringt man die mehrjährigen Pflanzen an einem frostfreien, hellen Ort auch über den Winter.

oder Sand bedeckt. Bei 20 °C keimen sie nach etwa einer Woche. Ab Mitte Mai stellt man die jungen Pflanzen warm und geschützt nach draußen. Die ersten zwei Wochen sollten sie noch keine direkte Sonne bekommen.

■ Basilikum zählt zu den Mittelzehrern. Die Nährstoffansprüche entsprechen denen von Salat. Im Garten würde man den Boden mit sieben Liter reifem Kompost pro Quadratmeter vorbereiten. Das entspricht (im Beet oder im Topf) einer sieben Millimeter starken Kompostschicht und etwa 7 % reinem Stickstoff. Die Alternative für die Topfkultur ist eine Portion organischer Dünger nach Packungsanleitung.
■ Den kleinen Strauch hin und wieder mit einem organischen Flüssigdünger gießen.
■ Bei kühlen Temperaturen (unter 8 °C) und viel Regen verfärben sich die Blätter gelb. Die Pflanzen dann am besten ins Haus holen.
■ Die Erde regelmäßig wässern. Sie sollte nie völlig austrocknen.
■ Vor Schnecken schützen. Basilikum zählt zu ihren Lieblingskräutern.
■ Die Samen sind mindestens vier Jahre lang keimfähig.

Mischkultur
Gute Partner sind Gurken, Tomaten und Zucchini. Ungünstig ist Majoran.

Ernten
Es können laufend frische Blätter und Triebe gepflückt werden. Diese sind zart und mild, solange die Pflanzen noch nicht blühen.

Empfehlenswerte Arten und Sorten
Die Art *Ocimum basilicum* wird in unterschiedlichen Formen angeboten, mit mittelgroßen und großen sowie mit roten, grünen und gekrausten Blättern. Kleinblättrige Formen gelten als wüchsiger und rotblättrige als empfindlicher. Buschbasilikum *(Ocimum basilicum var. minimum)* wächst mit seinen kleinen Blättern kompakt, duftet herrlich und eignet sich gut für die Fensterbank.

Strauchbasilikum *(Ocimum-Kreuzung)* wie die Sorte 'African Blue' mit grünpurpurfarben angehauchten Blättern ist mehrjährig, ebenso wie das Kubanische, Russische und Weißbunte Strauchbasilikum. Diese kleinen Sträucher werden nicht aus Samen, sondern durch Stecklinge vermehrt. Sie lassen sich an kühlen, hellen Plätzen bei 8 bis 12 °C überwintern.

Basilikum passt am besten zu Tomatengerichten. Aus den Blättern wird leckeres Pesto bereitet.

Berg-Bohnenkraut

Satureja montana, Familie der Lippenblütler

Das rund um das Mittelmeer wild wachsende Berg-Bohnenkraut wird wegen seines scharf-würzigen Geschmacks auch Pfefferkraut genannt. Schon seit Jahrhunderten nutzt man es, um deftige Fleischgerichte zu würzen. Dabei kann es durchaus Pfeffer ersetzen. Gleichzeitig macht es Speisen bekömmlicher.

Gesundheitlicher Wert

Ätherische Öle, Gerbstoffe, Flavonoide und Mineralstoffe.

Es passt gut zu Hülsenfrüchten, Kartoffeln, Lammfleisch und herzhaftem Gemüse.

Anbauen

Aussaat in Töpfe zwischen April und Mai. Da die Samen es hell mögen, dürfen sie nur ganz dünn mit Erde über-

siebt werden. Für den Eigenbedarf genügt jedoch meist eine Pflanze, die man ebenso vorgezogen beim Gärtner kaufen und zu Hause in einen größeren Topf (mindestens drei Liter) pflanzen kann. Die Erde sollte durchlässig und nicht sauer sein. Wie alle mediterranen Kräuter liebt das Berg-Bohnenkraut Wärme und Sonne. An einem geschützten Platz kann es problemlos im Freien überwintern – vorausgesetzt die Erde im Topf friert nie komplett durch.

- Das Berg-Bohnenkraut ist wie Dill ein Schwach- bis Mittelzehrer. Es braucht jedes Jahr frische Nährstoffe. Nach August darf nicht mehr gedüngt werden, andernfalls reifen die holzigen Triebe vor dem Winter nicht richtig aus und sind frostanfällig.
- Im März die Pflanzen 20 Zentimeter über dem Boden abschneiden. Anschließend sorgt ein organischer Flüssigdünger dafür, dass sich schnell frische Triebe bilden, die sich gut zum Würzen eignen.
- Bei Trockenheit wässern.

Mischkultur

Gute Partner sind alle Bohnenarten sowie Zwiebeln.

Ernten

Junge Triebe und Blätter werden je nach Bedarf geerntet. Vor der Blüte im August – dann sind die Gehalte an ätherischem Öl am höchsten – werden nochmals etwa Dreiviertel des Neuzuwachses gekappt und an einem schattigen, warmen Ort für den Wintervorrat getrocknet.

Empfehlenswerte Arten und Sorten

'Satyrion' (wüchsig, reichblütig), var. *citriodora* (leichtes Zitronenaroma).

Das **Einjährige** oder **Sommer-Bohnenkraut** *(Satureja hortensis)* ist noch intensiver im Geschmack als das Berg-Bohnenkraut. Es wird zwischen April und Juni direkt in Töpfe gesät. Die Samen dürfen nur dünn mit Erde bedeckt werden. Später muss man die Pflanzen vereinzeln, damit sich die Blätter gut entwickeln können.

Eine einzige Pflanze vom Bergbohnenkraut reicht aus, um herzhafte Gerichte bekömmlicher zu machen.

Dill

Anethum graveolens, Familie der Doldenblütler

In der modernen Küche spielt Dill keine so große Rolle mehr. Doch die Pflanzen duften herrlich, und sie sehen mit ihrem filigranen Laub einfach schön aus. Wenn sich die gelben Blütenschirme im Juni entfalten, werden diese zu einem Magnet für Insekten.

Gesundheitlicher Wert

Reich an ätherischen Ölen, Mineralstoffen und fetten Ölen. Dill wirkt gegen Blähungen, Magenverstimmungen und fördert allgemein die Verdauung. Es ist das typische Gewürz zu Fisch. Zudem wird es zum Einlegen von Gurken sowie zum Verfeinern von Salaten und Kräuterquark verwendet. Die Blütenschirme werden zerpflückt und über Salate gestreut.

Anbauen

Ab Mitte April bis Juni etwa zwei Zentimeter tief in Töpfe aussähen. Dill kann auch gut zwischen anderen Pflanzen wachsen, wenn er mindestens 20 Zentimeter Abstand hält.

- Dill ist ein Schwach- bis Mittelzehrer. Sein Nährstoffbedarf entspricht dem der Möhren. Am besten versorgt man ihn nur mit etwas reifem Kompost. Im Garten wären fünf Liter pro Quadratmeter angemessen. Das entspricht (im Beet oder im Topf) einer Schicht von fünf Millimetern. Die Alternative für die Topfkultur ist eine Portion Hornspäne nach Packungsanleitung.
- Die Pflanzen sind anspruchslos. Sie überstehen auch kurze Phasen von Trockenheit, mögen es allerdings nicht, wenn der Boden völlig austrocknet oder wenn er staunass ist. Am wohlsten fühlt sich Dill an einem warmen, windgeschützten Ort.
- Dill möchte nicht gerne verpflanzt werden. Haben die Pflanzen keinen festen Topfballen, machen sie dann meist schlapp.
- Die Samen sind zwei bis drei Jahre lang keimfähig.

Mischkultur

Gut zu Bohnen, Möhren, Gurken, Rote Bete, Salat und Zwiebeln. Wie andere Doldenblütler sollte Dill höchstens alle vier Jahre an gleicher Stelle bzw. im gleichen Boden angebaut werden.

Ernten

Je nach Bedarf Blätter und Triebe abknipsen. Beginnen die Pflanzen zu blühen, verlieren sie ihr Aroma. Dann entweder alles Kraut abschneiden und trocknen oder sich einfach über die Blüte freuen. Denn das Kraut entfaltet nur frisch seinen typischen Geschmack. Die Blüten können geerntet und zum Dekorieren von Speisen verwendet werden.

Dill duftet herrlich, die Blüten sind reizvoll und ebenfalls schmackhaft. Das Gewürz passt gut zu Fisch.

Estragon

Artemisia dracunculus, Familie der Korbblütler

Der für das Würzen am besten geeignete Estragon ist – wie hätte es anders sein können – die französische Varietät *sativus*. Sein feinwürziges Aroma »harmonisiert gut mit Säure«, wie die Köche sagen. Der russische Estragon ist dagegen herber und etwas bitter und wird von der Haute Cuisine gewöhnlich gemieden. Zwischen beiden behauptet sich der Deutsche Estragon (var. *sativus* 'Baden Baden') – eine robuste und wüchsige Züchtung aus der französischen Form, die ihr geschmacklich ebenbürtig ist.

Estragon sollte man beim Gärtner kaufen, um die aromatische französische Form zu bekommen.

Gesundheitlicher Wert

Ätherische Öle (z. B. Estragol, was die Russische Form kaum besitzt), Harze, Flavonoide, Bitter- und Gerbstoffe. Estragon fördert die Verdauung. Sein anisartiges bittersüßes Aroma passt gut zu Fisch, Geflügel und Salaten. Getrocknet verliert das Kraut viel von seinem Aroma.

Anbauen

Wer Estragonsaatgut kauft, wird immer die Russische Form erhalten. Die anderen beiden Varietäten werden nur durch Ableger vermehrt. Am besten besorgt man sich Pflanzen beim Gärtner und gibt ihnen einen größeren Topf (mindestens fünf Liter). Sie bevorzugen warme, windgeschützte Lagen und vertragen sogar Halbschatten. Im Spätherbst trocknen die Pflanzen zurück. Dennoch müssen sie den Winter über vor starken Frösten geschützt werden.

- Estragon ist ein Mittelzehrer. Sein Nährstoffbedarf entspricht dem von Petersilie. Die Erde in den Töpfen braucht jedes Jahr frischen Dünger – etwa eine Portion Hornspäne im Frühling und bis August gelegentliche Gaben Flüssigdünger.
- Die Pflanzen mögen viel Feuchtigkeit, jedoch keine stauende Nässe.
- Die vertrockneten Triebe im Herbst zurückschneiden und den Topf mit einer schützenden Lage Erde oder mit Blättern auffüllen.

Mischkultur

Keine Vorlieben oder Abneigungen bekannt.

Ernten

Je nach Bedarf werden junge Triebspitzen abgeschnitten.

Empfehlenswerte Arten und Sorten

Französischer Estragon (*Artemisia dracunculus* var. *sativus*), Deutscher Estragon (*Artemisia dracunculus* var. *sativus* 'Baden Baden').

Kerbel

Anthriscus cerefolium, Familie der Doldenblütler

Auf den ersten Blick erinnert Kerbel an Petersilie. Die jungen Blätter sind jedoch feiner und duften herrlich frisch nach Anis. Wie bei der Petersilie gibt es glatte und krause Formen. Von dem in der Natur vorkommenden Wilden Kerbel sollte man allerdings die Finger lassen: Er ist nur schwer vom sehr giftigen Schierling zu unterscheiden.

Gesundheitlicher Wert

Ätherische Öle, Carotine, Eisen, Magnesium, Bitterstoffe und Vitamin C.

Kerbel gibt Suppen, Salaten, Fisch und Gemüse ein süßliches, leicht nach Anis schmeckendes Aroma. Das Kraut sollte jedoch nicht mitgekocht, sondern immer frisch kurz vor dem Servieren untergerührt werden. Es fördert die Verdauung.

Anbauen

Aussaat ab März bis September in Reihen mit zehn Zentimeter Abstand. Kerbel ist anspruchslos. Er wächst auch noch gut im Halbschatten. Dort trocknet die Erde nicht so schnell aus. Seine Samen keimen bei Temperaturen über 15 °C innerhalb von fünf Tagen. Das Kraut gedeiht gut in Kübeln, aber es lässt sich nicht am Küchenfenster ziehen.

- Kerbel ist ein Schwach- bis Mittelzehrer. Der Nährstoffbedarf entspricht dem von Dill.
- Bei Trockenheit beginnen die Pflanzen schnell zu blühen. Der Boden sollte also immer etwas feucht sein.
- Die Samen sind mindestens zwei Jahre lang keimfähig.

Mischkultur

Gute Partner sind Salat, Radieschen und Rettiche. Ungünstig sind Garten- und Kapuzinerkresse, Koriander, Petersilie und Rucola. Kerbel sollte wie andere Doldenblütler höchstens alle vier Jahre an gleicher Stelle bzw. im gleichen Boden angebaut werden.

Ernten

Gepflückt werden die jungen, zarten Blätter. Nach sechs bis acht Wochen kann man die ganze Pflanze etwa eine Handbreit über dem Boden abschneiden. Älteres Kraut und blühende Pflanzen verlieren ihr Aroma.

Suppen und Salate erhalten durch Kerbel ein süßliches, leicht nach Anis schmeckendes Aroma.

Kresse

Lepidium sativum, Familie der Kreuzblütler

Ein Schälchen mit Kresse kostet nicht die Welt. Lohnt sich da der eigene Anbau? Na klar! Denn Kresse ist gesund und wächst so schnell, dass sie mal eben auf frei werdenden Flächen oder in ungenutzten Töpfen ausgesät und schon nach wenigen Tagen geerntet werden kann – eine optimale Zwischenkultur, die sogar auf der Fensterbank gedeiht.

Gesundheitlicher Wert

Das Kraut enthält viel Vitamin C, Vitamin B, Carotinoide, Folsäure sowie Mineralstoffe wie Eisen und Kalzium. Senföle und Bitterstoffe geben der Kresse den frisch würzigen Geschmack, der in Salaten, Quark und auf Brot

Sät man Kresse auf ein frei gewordenes Stück Beet, kann man manchmal schon nach fünf Tagen ernten.

lecker ist. Kresse fördert die Verdauung, regt den Stoffwechsel an und wirkt antibiotisch. Das Kraut nur frisch verwenden und nicht mitkochen.

Anbauen

Im Freien wird Kresse zwischen Mitte März und September in Reihen mit zehn Zentimeter Abstand ausgesät. Sie verträgt sogar etwas Schatten. Am Küchenfenster lässt sich das Kraut das ganze Jahr kultivieren. Die Samen gut andrücken und nur ganz dünn mit Erde übersieben. Denn sie brauchen Licht und Temperaturen von mindestens 6 °C zum Keimen. Bei Temperaturen von mehr als 20 °C keimen die Samen sogar innerhalb eines Tages und der Keimling wächst täglich um etwa einen Zentimeter.

- Kresse gehört zu den Schwachzehrern.
- Die Pflanzen regelmäßig feucht halten.
- Die Samen sind mindestens zwei Jahre lang keimfähig.

Mischkultur

Günstige Nachbarn sind Radieschen und Rettich. In der Fruchtfolge sollten Kohlgewächse, zu denen auch die Kresse gehört, niemals zweimal hintereinander auf dem gleichen Beet bzw. in der gleichen Erde angebaut werden.

Ernten

Bei optimalen Temperaturen über 20 °C kann man Kresse schon nach fünf Tagen schneiden. Sobald die Pflanzen blühen, werden sie ungenießbar scharf.

Empfehlenswerte Arten

Die Brunnenkresse *(Nasturtium officinale)*, eine mehrjährige Wildpflanze, schmeckt etwas bitterer als Gartenkresse. Sie zählt zu den Wasserpflanzen, die sich allerdings mit etwas Aufwand auch in kleinen Gefäßen anbauen lassen.

Koriander

Coriandrum sativum, Familie der Doldenblütler

Koriander ist weltweit das am häufigsten verwendete Gewürz. Es steckt in vielen Currypasten. In Asien und Indien werden Suppen und Eintöpfe damit verfeinert. Wer es noch nicht kennt, sollte sich Schritt für Schritt an das etwas exotische Aroma gewöhnen, das zum Beispiel auch zu Weihnachten in Lebkuchen verwendet wird – denn beim ersten Kosten schließt nicht jeder sofort Freundschaft mit dem »Wanzenkraut«, wie frisches Korianderkraut im Volksmund auch heißt.

Gesundheitlicher Wert

Ätherische Öle, Mineralstoffe, fette Öle, Vitamin C und Biophenole. Koriander verleiht Speisen einen mild-pfefferigen Geschmack und gilt als appetitanregend. Er sollte nicht mitgekocht, sondern erst kurz vor dem Servieren frisch über Suppe oder Salat gestreut werden. Auch die Samen sind ein beliebtes Mittel zum Würzen. Sie schmecken aromatisch und erinnern etwas an Orangen, während die Blätter ein leicht erdiges Aroma haben.

Anbauen

Aussaat auf der Fensterbank ab März, im Freien jedoch erst ab Mitte April in Reihen mit 30 Zentimeter Abstand. Bei 18 °C erscheinen die ersten Keimlinge nach etwa einer Woche. Diese auf einen Abstand von fünf Zentimetern ausdünnen und wenn nötig gegen Frost schützen. Koriander bevorzugt einen sonnigen Platz, wird bis zu 70 Zentimeter hoch und blüht ab Juni mit weiß-rosa Blütendolden.

- Koriander ist ein Schwach- bis Mittelzehrer. Der Nährstoffbedarf entspricht dem von Dill.
- Der Boden sollte nicht sauer, sondern eher etwas kalkhaltig sein.
- Die Pflanzen brauchen eine Stütze, sonst knicken sie leicht ab, sobald die Samen ansetzen.
- Die Samen sind zwei bis drei Jahre lang keimfähig.

Mischkultur

Ungünstig ist Kerbel. Koriander sollte wie andere Doldenblütler höchstens alle vier Jahre an gleicher Stelle bzw. im gleichen Boden angebaut werden.

Ernten

Die gesamte Wachstumszeit über werden die Blätter zum Würzen geschnitten. Später können auch die Blüten und Samen verwendet werden. Um an die Samen zu gelangen, werden die Blütenstände geschnitten, kurz bevor sie ausgereift sind und dann zum Trocknen aufgehängt. Später lassen sich die Körner leicht herausschütteln.

Obgleich Koriander auch Wanzenkraut heißt, ist er weltweit das am häufigsten verwendete Gewürz.

Lavendel

Lavandula angustifolia, Familie der Lippenblütler

Als Küchengewürz ist Lavendel für viele eher ein Neu-
ling – in der südfranzösischen Küche ist er jedoch seit
langem gebräuchlich. Allein wegen seines Duftes ist Lavendel als Kübelpflanze einfach unverzichtbar. Vielleicht

bekommt man dann Lust, Blüten abzuzupfen und über
Salate, Geflügel oder Pfannkuchen zu streuen – und er-
lebt sein blaues Wunder.

Gesundheitlicher Wert

Ätherische Öle, Saponine, Gerb- und Bitterstoffe. Das
aromatisch herbe, leicht bittere Aroma passt gut zu

In der Küche verwendet man vor allem die frischen Blüten des Lavendels. Sie werden abgezupft und über Salate, gebrate-
nes Geflügel und Lamm gestreut. Ein Tee daraus wirkt zudem beruhigend und stärkt die Nerven.

Lammbraten und Desserts. Ein Tee aus Blüten wirkt beruhigend und stärkt die Nerven.

Anbauen

Ab April aussäen. Bei 18 °C keimen die Samen innerhalb von drei bis vier Wochen. Einfacher ist es, junge Pflanzen beim Gärtner zu kaufen und diese in Töpfe (drei Liter) mit durchlässiger Erde zu pflanzen. Die mediterranen Pflanzen haben ähnlich hohe Ansprüche an Licht und Wärme wie Rosmarin und Salbei. Sie mögen keine stauende Nässe. Schon aus diesem Grund sollte man sie den Winter über an einen geschützten Ort stellen, wo sie eher trocken bleiben.

- Lavendel ist ein Schwach- bis Mittelzehrer. Die kleinen Sträucher müssen jedes Frühjahr wie Dill gedüngt werden. Nach Juli keinen Dünger mehr verabreichen, andernfalls werden die Pflanzen frostanfällig.
- Die Pflanzen nach der Blüte leicht zurückschneiden. Dabei etwa ein Drittel der frischen diesjährigen Triebe einkürzen, nicht aber ins alte Holz schneiden.
- Im März dürfen die kleinen Sträucher auch stärker gekappt werden (mindestens die halbe Länge der alten Triebe). So bleiben sie kompakt.

Mischkultur

Keine Vorlieben oder Abneigungen bekannt. Es wird immer wieder gesagt, Lavendelduft würde Läuse fernhalten. In jedem Fall zieht er viele nützliche Insekten an.

Ernten

Vor allem werden die sich gerade öffnenden Blüten geerntet – zur frischen Verwendung oder zum Trocknen.

Empfehlenswerte Arten und Sorten

'Munstead' (kompakt, früh blühend), 'Siesta' (kompakt, robust), 'Dwarf Blue' (kompakt, robust, schwachwüchsig). Weniger gut winterhart sind die Sorten des Duft-Lavendels *(Lavandula × intermedia)*, der gut an seinem grauen Laub zu erkennen ist, etwa 'Grosso' (robust, mit langen Blütenständen).

Lorbeer

Laurus nobilis, Familie der Lorbeergewächse

Rund ums Mittelmeer, wo diese frostempfindlichen Pflanzen wild wachsen, können sie bis zu zehn Meter hohe Bäumen werden. Für unseren Zweck genügen kleine Büsche im Kübel, von denen wir hin und wieder

Für den Hausgebrauch reicht ein kleiner Lorbeerbusch, von dem man hin und wieder einige Blätter abknipst.

ein paar Blättchen abknipsen können. So lassen sich die Pflanzen noch leicht bewegen und an frostfreien Orten überwintern.

Gesundheitlicher Wert

Ätherische Öle, Bitter- und Gerbstoffe. Die würzig bitteren Blätter werden milder, wenn man sie getrocknet verwendet. Sie regen den Appetit an, fördern die Verdauung und passen gut zu Fleisch und Gemüse. Außerdem eignen sie sich zum Einmachen von Essigsaurem. Man sollte sie sparsam dosieren, immer mitgaren und vor dem Servieren entfernen.

Anbauen

Die Aussaat ist aufwendig, da die Samen sehr hartschalig

Der echte Majoran ist ein frostempfindliches Kraut, das jedes Jahr aus Samen herangezogen werden muss.

sind. Deshalb wird Lorbeer fast ausschließlich über Stecklinge vermehrt. Am besten kauft man daher junge Pflanzen und päppelt diese in einem größeren Topf (drei Liter) auf. Die Kübelpflanzenerde darf etwas Lehm enthalten. Da Lorbeer nur wenige Minusgrade verträgt, sollte er hell und frostfrei, aber kühl (0–8 °C) überwintern.

- Lorbeer ist wie Basilikum ein Mittelzehrer. Die Pflanzen brauchen jedes Jahr frische Nährstoffe.
- Die wärmebedürftigen Pflanzen bekommen möglichst einen hellen, sonnigen Platz und regelmäßige Wassergaben. Andernfalls werfen sie schnell ihre Blätter ab.

Mischkultur

Keine Vorlieben oder Abneigungen bekannt.

Ernten

Während des Sommers werden junge Triebspitzen und Blätter gepflückt. Im Frühjahr und Herbst können die kleinen Sträucher auch bis auf 20 Zentimeter über dem Boden zurückgeschnitten werden.

Majoran

Origanum majorana, Familie der Lippenblütler

Der echte Majoran überlebt den Winter in unseren Breiten nicht im Freien. Er verträgt nur wenige Minusgrade und wird daher gewöhnlich jedes Jahr neu ausgesät. Am Mittelmeer wächst er dagegen zu kleinen Sträuchern mit graufilzig behaarten Blättern heran. Es ist allerdings möglich, Majoran im Topf an einem hellen Fenster zu überwintern.

Gesundheitlicher Wert

Ätherische Öle, Flavonoide, Gerb-, Bitter- und Mineralstoffe. Das Kraut fördert die Verdauung und beruhigt Magen und Darm. Daher nutzt man es vor allem, um deftige Gerichte mit Fleisch, Kohl und Bohnen sowie Würste und Eintöpfe zu würzen. Es wird meist mitgekocht und lässt sich gut getrocknet verwenden.

Anbauen

Majoran kann ab März am Fenster und ab Ende April draußen in Töpfe ausgesät werden. Er ist ein Lichtkeimer. Daher werden die Samen nach der Aussaat nur leicht angedrückt und höchstens dünn mit Sand übersiebt. Die Oberfläche sollte nach dem Gießen nicht verkrusten. In ein Beet ausgepflanzt sollten die Pflanzen 20 Zentimeter Abstand voneinander haben. Am besten gedeihen sie an einem sonnigen, warmen Platz.

- Majoran ist ein Schwach- bis Mittelzehrer. Der Nährstoffbedarf entspricht dem von Dill.
- Die Pflanzen mögen leichte durchlässige Böden. Dauernde Nässe vertragen sie nicht.
- Die Samen sind zwei bis drei Jahre lang keimfähig.

Mischkultur

Ein ungünstiger Nachbar ist Basilikum.

Ernten

Das Kraut einfach nach Bedarf abknipsen. Möchte man größere Mengen trocknen, sollte kurz vor der Blüte geschnitten werden. Dann haben die Pflanzen das stärkste Aroma. Nicht zu tief schneiden, dann wächst wieder frisches Kraut nach.

Empfehlenswerte Arten und Sorten

Der **Französische Majoran** (*Origanum onites* 'French') ist eine Staude, die bei uns im Freien auf durchlässigen Böden mit etwas Schutz über den Winter kommt. Er hat ein harzig-bitteres Aroma, das an Thymian erinnert.

Oregano, Dost

Origanum vulgare, Familie der Lippenblütler

Das »Pizza-Gewürz« wächst mittlerweile auch in unseren Breiten wild – und zwar dort, wo es trocken und sonnig ist. Hitze ist wichtig, damit sich das würzige, leicht bittere Aroma des Oreganos gut entfaltet. Sein Name stammt aus dem Altgriechischen und heißt so viel wie »Schmuck der Berge«. Man findet das von Bienen umschwärmte Kraut jedoch auch in lichten Wäldern.

Gesundheitlicher Wert

Ätherische Öle, Mineralstoffe, Flavonoide, Gerb- und Bitterstoffe. Oregano fördert die Verdauung und stärkt Magen, Galle sowie das Immunsystem. Er ist – frisch oder

Bienen lieben die blasslila Blüten des Oregano, der in unseren Breiten auch wild wächst.

getrocknet – das klassische Kraut für alle Tomatenspeisen, passt aber auch zu Fleisch, Fisch und Gegrilltem.

Anbauen

Man kann Oregano ab April auf der Fensterbank selbst aussäen. Die Samen nur ganz dünn mit Erde bedecken, da sie Licht zum keimen brauchen. Einfacher ist es junge Pflanzen in der Gärtnerei zu kaufen. Sie werden dann in Töpfe mit mindestens drei Liter Volumen in durchlässige Erde (z.B. Kräutererde) gepflanzt. Die Pflanzen den Winter über in eine geschützte Ecke rücken. Teilt man sie im Herbst oder Frühjahr mit einem Messer längs, erhält man pflanzbare Wurzelstücke samt Kraut.

- Oregano ist wie Dill ein Schwach- bis Mittelzehrer. Man sollte jährlich etwas Kompost oder organischen Dünger in die Topferde mischen.
- Obwohl die Pflanze Hitze liebt und im Beet ohne Bewässerung auskommt, muss man sie im Topf gießen.
- Die Samen sind ein bis drei Jahre lang keimfähig.

Mischkultur

Gute Partner sind Möhren, Tomaten, Zwiebel und Schnittlauch.

Ernten

Frische Blätter und Triebspitzen werden nach Bedarf von den Pflanzen abgezupft. Vor der Blüte, wenn das Aroma am stärksten ist, die Pflanze eine Handbreit über dem Boden kappen und Triebe zum Trocknen aufhängen. Im Spätherbst kann Oregano (vorher teilen) in kleinen Töpfen nach drinnen ans Küchenfenster gestellt werden.

Empfehlenswerte Arten und Sorten

'Compactum' (niedrig bleibende, sehr würzige und reich blühende Auslese). Das Oregano-Gewürz im Handel wird meist aus unterschiedlichen Arten zusammengemischt. Darin finden sich auch Blätter von *Origanum onites* und dem **Griechischen Oregano** *(Origanum vulgare* subsp. *viridulum,* Syn.: *Origanum heracleoticum).*

Kurz vor der Blüte ist das Aroma in den Blättern des Oregano am höchsten. Dann werden Bündel geschnitten und zum Trocknen aufgehängt. Weiß-bunte Sorten sind nicht so aromatisch und frostempfindlicher.

Petersilie

Petroselinum crispum, Familie der Doldenblütler

Petersilie ist eine sehr alte Kulturpflanze, die im antiken Griechenland als heiliges Kraut galt. Aufgrund des ätherischen Öls Apiol, das den Magen reizen kann, sollte Petersilie nicht im Übermaß gegessen werden, vor allem nicht während der Schwangerschaft.

Gesundheitlicher Wert

Reichlich Vitamin C, Vitamin B, Vitamin E und viele Carotine sowie ätherische Öle (u. a. Apiol), Folsäure und Mineralstoffe wie Eisen und Kalzium. Petersilie fördert die Verdauung. Ihr eigentümlicher Geschmack nach Sellerie und Muskat passt gut zu Fisch und Gemüse. Getrocknete und tiefgefrorene Petersilie verliert an Würzkraft. Man verwendet sie möglichst frisch. Zum Mitkochen und Mitschmoren eignet sich am besten Wurzelpetersilie.

Anbauen

Es können bis zu fünf Wochen vergehen, bis sich nach der Aussaat im März das erste Grün zeigt. Um die Zeit auf etwa drei Wochen zu verkürzen, sind eine gleichmäßige Temperatur von etwa 18 °C und eine ständig feuchte Erde vorteilhaft. Dazu die Pflanzen am besten auf der Fensterbank vorziehen. Später lassen diese sich in größere Töpfe umpflanzen.

- Petersilie ist ein Mittelzehrer. Im Garten würde man den Boden mit sieben Liter reifem Kompost pro Quadratmeter vorbereiten. Das entspricht (im Beet und im Topf) einer sieben Millimeter starken Kompostschicht und etwa 7 % reinem Stickstoff. Die Alternative für die Topfkultur ist ein organischer Dünger.
- Der Boden sollte locker und tiefgründig sein. Regelmäßiges Wässern ist wichtig.
- Die Samen sind zwei bis drei Jahre lang keimfähig.

Mischkultur

Gute Partner sind Tomaten, Radieschen, Rettich, Basilikum, Schnittlauch und Knoblauch. Ungünstig ist Salat.

Petersilie gedeiht kaum noch, wenn sie zwei Jahre nacheinander in denselben Boden kommt. Man pflanzt sie daher höchstens alle fünf Jahre an den gleichen Platz. Zwischendurch sollten dort auch keine anderen Doldenblütler gepflanzt werden.

Ernten

Je nach Bedarf können laufend Blätter geerntet werden: Man schneidet sie ab oder löst die äußeren Blätter samt Stängel vom Wurzelhals ab. Im Juni des zweiten Jahres blühen die Pflanzen. Zuvor kann noch das frische Blattgrün geerntet werden. Mit der Blüte verliert Petersilie deutlich an Geschmack.

Empfehlenswerte Sorten

Glatte Sorten wie 'Gigante d'Italia' und 'Einfache Schnitt' sind sehr aromatisch. Sie gelten aber als etwas anfälliger gegenüber Krankheiten im Vergleich zu krausen Sorten wie 'Grüne Perle' und 'Mooskrause'.

Zum Würzen verwendet man Petersilie frisch. Daher sollte man ausreichend viele Pflanzen heranziehen.

Pfefferminze

Mentha × piperita, Familie der Lippenblütler

Vor Hunderten von Jahren kreuzte sich spontan die Wasserminze *(Mentha aquatica)* mit der Grünen Minze *(Mentha spicata)*. Daraus erwuchs die Pfefferminze, die in der Orientalischen Küche sehr, bei Kindern jedoch weniger beliebt ist, weil sie ans Kranksein erinnert. Ein hoher Mentholgehalt verleiht ihr das typische Aroma.

Gesundheitlicher Wert

Ätherische Öle, Mineralstoffe, Flavonoide, Gerb- und Bitterstoffe. Blätter und Blüten sind gut zum Verfeinern von Salaten, Soßen und Süßspeisen. Am besten frisch und

Pfefferminze sollte immer in Töpfe gepflanzt werden, sonst breitet sie sich hemmungslos aus.

klein gehackt hinzufügen. Pfefferminztee beruhigt den Magen und lindert Übelkeit.

Anbauen

Die Auswahl in den Gärtnereien an jungen Pflanzen ist riesig. Es gibt verschiedene Arten und unzählige Sorten. Egal für welche man sich entscheidet, wichtig ist, die Pflanzen nicht direkt in ein Beet zu setzen, sondern in große Töpfe (mindestens drei Liter). Andernfalls breiten sie sich hemmungslos aus. Zum Vermehren teilt man die Pflanzen mit einem Messer oder Spaten einfach in zwei oder mehrere Teile.

- Pfefferminze ist ein Mittelzehrer. Ihr Nährstoffbedarf entspricht dem von Petersilie. Man sollte jährlich etwas Kompost oder organischen Dünger in die Topferde mischen.
- Nach dem Rückschnitt des gesamten Krauts (im Juli kurz vor der Blüte), die Pflanze mit einem organischen Flüssigdünger düngen.
- Der Boden sollte stets gut feucht gehalten werden.
- Pfefferminze gedeiht auch im lichten Schatten. Doch erst in voller Sonne entfaltet sie ihr volles Aroma.
- Im zweiten Jahr sollten die Pflanzen in einen größeren Topf umgepflanzt werden (mindestens fünf Liter).

Mischkultur

Günstige Partner sind Tomaten, Salat und Möhren.

Ernten

Junge Blätter haben das feinste Aroma. Sie können laufend gepflückt werden. Zum Trocknen die Triebe kurz vor der Blüte knapp über dem Boden kappen.

Empfehlenswerte Arten und Sorten

'Agnes' (robust mit hohem Ölgehalt), 'Orange' (mit Orangenschalen-Aroma), 'Schoko' (mit samtig/süßlichem Mentholaroma); **Spearmint** *(Mentha spicata)* 'Englische Grüne': Sie enthält weniger Menthol und ist daher bekömmlicher. **Apfelminze** *(Mentha suaveolens)* mit mildem Aroma und weichen runden Blättern.

Rosmarin

Rosmarinus officinalis, Familie der Lippenblütler

Die letzten Winter haben es gezeigt: Rosmarin ist leider doch nicht so hart gesotten, wie gedacht. Den heftigen Minusgraden hat er vielerorts nicht widerstanden. Deshalb setzt man besser auf die wirklich robusten Sorten, die es nur in Spezialgärtnereien gibt. Dann kann man das herrliche Mittelmeergewürz rund ums Jahr genießen.

Gesundheitlicher Wert

Der kampferartige Geruch der Blätter wird durch die ätherischen Öle hervorgerufen. Die Pflanzen enthalten zudem Gerbstoffe, Flavonoide, Saponine, Bitter- und Mineralstoffe. Der leicht bittere Geschmack, der sich am besten entfaltet, wenn die Zweige mitgeschmort werden, passt gut zu Lamm, Geflügel und Gemüse. Rosmarin fördert die Verdauung. Und ein Tee daraus wirkt ähnlich anregend wie Kaffee.

Anbauen

Am besten kauft man junge Pflanzen beim Gärtner und setzt diese in größere Töpfe (mindestens fünf Liter). An einem sonnigen Platz kann sich der Wärme liebende Strauch den Sommer über prächtig entwickeln.

Gegen frostige Ostwinde und die Wintersonne verbirgt man die immergrünen Pflanzen während der kalten

Rosmarin duftet nach Kampfer. Ein Tee aus seinen Zweigen wirkt ähnlich anregend wie Kaffee. Um die Pflanzen sicher über den Winter zu bringen, sollte man auf robuste Sorten setzen.

Jahreszeit in einer geschützten Ecke. Am sichersten überwintern die Pflanzen natürlich hell und kühl im (Gewächs-)Haus.

- Rosmarin ist ein Mittelzehrer. Sein Nährstoffbedarf entspricht dem von Petersilie. Man muss jedes Jahr erneut Kompost oder organischen Dünger in die Topferde mischen. Ab August nicht mehr düngen, denn das schwächt die Winterhärte.
- Schneidet man die Pflanzen im späten Frühjahr nach der Blüte zurück, bleiben sie kompakter und bringen

Salbei, hier die Sorte 'Tricolor', ist herrlich zum Schnuppern, zum Würzen und als beruhigender Tee.

viele frische Triebe hervor. Dafür müssen die Pflanzen allerdings ausreichend mit Nährstoffen versorgt sein.
- Die Erde im Topf muss gut durchlässig und darf nicht sauer sein. Gut geeignet sind Kübelpflanzen- oder Kräutererden.
- Die Pflanzen brauchen hin und wieder Wasser.

Mischkultur
Gute Partner sind Bohnen, Möhren und Knoblauch.

Ernten
Je nach Bedarf werden mehr oder weniger lange Triebspitzen abgeschnitten.

Empfehlenswerte Sorten
'Arp' (eingewachsene Pflanzen bis −20 °C winterhart), 'Weihenstephan' (eingewachsene Pflanzen bis −15 °C winterhart), 'Rex' (eingewachsene Pflanzen bis −10 °C winterhart), 'Veitshöchheim' (eingewachsene Pflanzen bis −20 °C winterhart).

Salbei

Salvia officinalis, Familie der Lippenblütler

Diese alte Heilpflanze ist so angenehm und vielseitig, dass man mindestens ein Exemplar in greifbarer Nähe haben sollte: zum Schnuppern, Würzen, gegen Halsschmerzen und zum allgemeinen Wohlbefinden. Denn in Salbei steckt das lateinische Wort »salvus« und das bedeutet »gesund sein« und »sich wohl fühlen«.

Gesundheitlicher Wert
Ätherische Öle, Flavonoide, Gerb-, Mineral- und Bitterstoffe. Salbei wirkt desinfizierend, hemmt die Schweißbildung und beruhigt Magen und Darm. Lecker sind die zartbitteren Blätter, wenn sie in Butter oder Öl knusprig gebraten werden. Sie passen zu Fisch und Fleisch oder schlicht zu Pasta. Auch die Blüten schmecken köstlich. Als Tee sollte das Kraut wegen des ätherischen Öls Thujon jedoch nur in Maßen genossen werden.

Anbauen

Wie bei Rosmarin sollte man Pflanzen nicht durch Aussaat heranziehen, sondern junge Exemplare beim Gärtner kaufen und diese dann in größere Töpfe (mindestens fünf Liter) umpflanzen. Auch Salbei liebt sonnige warme Plätze und durchlässige, eher kalkhaltige Böden. Für die Töpfe verwendet man Kräuter- oder Kübelpflanzenerde. Den Winter über braucht die immergrüne Pflanze einen geschützten schattigen Platz.

- Salbei ist wie Dill ein Schwach- bis Mittelzehrer. Man sollte daher jährlich etwas Kompost oder organischen Dünger in die Topferde mischen.
- Ein Rückschnitt im Frühjahr um etwa ein Drittel sorgt dafür, dass die kleinen Sträucher kompakt bleiben.

Mischkultur

Gute Partner sind Rosmarin, Bohnen und Erbsen. Ungünstig sind Kürbisse.

Ernten

Die Blätter lassen sich leicht von Hand ernten, wenn man den Spitzentrieb mit den Fingern ausbricht. Die Pflanze verzweigt sich unterhalb der Bruchstelle und wächst weiter.

Empfehlenswerte Sorten

'Berggarten' (kompakt wachsend, wird 40 cm hoch), 'Major' (kräftiges Aroma, große Blätter, sehr winterhart, 40–60 cm hoch), 'Mittenwald' (aromatisch, schmale Blätter, robust, 40–60 cm hoch), 'Nana Alba' (aromatische Zwergform mit weißer Blüte, 20–40 cm hoch)

Sauerampfer

Rumex acetosa, Knöterichgewächse

Sauerampfer wächst wild auf feuchten Wiesen. Typisch sind die nach hinten gerichteten Spießecken, die vor allem die unteren länglichen Blätter pfeilspitzenförmig aussehen lassen. Der Saatguthandel bietet eine Kulturform mit großen Blättern an. Die Pflanzen sind mehrjährig. Gerade im Frühjahr ist es ein Genuss, die jungen erfrischenden Blätter zu ernten. Aufgrund der Oxalsäure, sollte man Sauerampfer nicht in großen Mengen verzehren.

Gesundheitlicher Wert

Eiweiß, Oxalsäure, Flavonoide, Carotin, Eisen, Gerbstoffe, Hyperosid und viel Vitamin C. In den Wurzeln finden sich noch Anthranoide. Der Geschmack ist fein-säuerlich.

Der fein-säuerliche Geschmack des Sauerampfers macht sich gut in Saucen und Suppen.

Sauerampfer lässt sich in Salaten, Wildkräutersuppen, Omeletten und Saucen verwenden. Als Gewürz passt er gut zu Fleisch und Garnelen.

Anbauen

Zwischen März und Juni werden die Samen in Reihen mit 20 Zentimeter Abstand oder in Töpfe direkt ausgesät. Sauerampfer verträgt auch Halbschatten, allerdings schmecken die Blätter dann saurer. Die Samen wollen es zum Keimen eher hell haben. Sie sollten nur leicht mit Erde bedeckt werden.

- Sauerampfer ist ein Schwach- bis Mittelzehrer. Der Nährstoffbedarf entspricht dem von Dill.
- Wird von den Pflanzen den ganzen Sommer über geerntet, sollte hin und wieder mit einem Flüssigdünger gedüngt werden.
- Die Blütenknospen, die ab Mai erscheinen, sollte man ausbrechen.
- Regelmäßig gießen, da die Pflanzen Feuchtigkeit lieben.
- Die Pflanzen sollten alle vier Jahre geteilt, also verjüngt und schließlich auf ein neues Beet umgesetzt bzw. in frische Erde getopft werden.
- Die Samen sind mindestens zwei Jahre lang keimfähig.

Mischkultur

Es sind keine Wechselwirkungen mit anderen Arten bekannt.

Ernte

Gepflückt werden die jungen, zarten Blätter. Schneidet man die ganzen Pflanzen zurück, sollte das Herz (die kleinen Blätter in der Mitte) unbeschädigt bleiben.

Empfehlenswerte Arten

Der mehrjährige Schildampfer *(Rumex scutatus)* wird meist als Jungpflanze angeboten. Seine Säure ist noch etwas feiner und spritziger als die des Sauerampfers. Der Blutampfer *(Rumex sanguineus)* hat hübsche von roten Nerven durchzogene Blätter. Sein Geschmack ist allerdings unspektakulär.

Schnittlauch

Allium schoenoprasum, Familie der Lauchgewächse

In der Natur wächst Schnittlauch auf geröllhaltigen Böden im Hochgebirge und an Flussufern. Im Jahr nach der Aussaat blüht die Zwiebelpflanze im Juni hellviolett. Als Gewürz ist sie noch kurzzeitig im Frühjahr zu nutzen. Dann machen die Blütenstängel das Laub hart. Von da an erscheint Schnittlauch eher wie eine kleine Zierpflanze, die sich zudem durch Samen verbreitet.

Gesundheitlicher Wert

Vitamin C, Vitamin A, ätherische Öle und Mineralstoffe. Schnittlauch regt den Appetit an, wirkt blutdrucksenkend.

Schnittlauchstauden lassen sich teilen und in Töpfe setzen. So bekommt man Vitamine für den Winter.

Sein frisches, leicht scharfes Aroma ist lecker zu Gemüse sowie in Salaten und Quark. Das Kraut nur frisch verwenden. Auch die Blüten können zerpflückt und wie das Kraut gegessen werden.

Anbauen

Aussaat im Freien oder am Küchenfenster zwischen März und Juli. Die Keimlinge entwickeln sich nur langsam, daher werden die Pflanzen am besten in Töpfen kultiviert. Die optimale Keimtemperatur beträgt 15 °C. Später können sie im Abstand von 20 Zentimetern ausgepflanzt werden. Im Herbst sterben die Blätter ab. Im Frühjahr treiben die Pflanzen von Neuem aus. Sie können geteilt, vermehrt und so auch verjüngt werden.

- Schnittlauch ist ein Schwach- bis Mittelzehrer. Sein Nährstoffbedarf ist mit dem des Dills vergleichbar. Man sollte jährlich etwas Kompost oder organischen Dünger in die Topferde mischen.
- Das Kraut gedeiht in voller Sonne und auch im Halbschatten.
- Der Boden sollte locker, immer leicht feucht und eher etwas kalkhaltig als sauer sein. Vor allem nach der Ernte der Blätter kräftig gießen und etwas düngen.
- Die Samen sind nur ein Jahr lang keimfähig.

Mischkultur

Gute Partner sind Möhren, Pastinaken, Zucchini, Rote Bete, Salat, Kapuzinerkresse, Gurken, Erdbeeren und Dill. Ungünstig sind Erbsen und Bohnen. Schnittlauch verträgt es nicht, wenn er in Erde gepflanzt wird, in der zuvor auch schon Schnittlauch wuchs. Man sollte damit mindestens vier Jahre lang warten.

Ernten

Die röhrenförmigen Blätter werden geschnitten, wenn sie etwa 20 Zentimeter lang sind. Ab dem zweiten Jahr erntet man so lange, bis die harten Blütenstiele erscheinen. Schnittlauch kann im Winter auch angetrieben werden. Dazu holt man im Spätherbst einige Wurzelballen aus dem Boden, lässt diese draußen durchfrieren, topft sie nach Bedarf ein und holt sie dann ins warme Zimmer. Nach kurzer Zeit sprießen wieder frische grüne Halme.

Empfehlenswerte Arten und Sorten

Das Saatgut wird meist nur danach unterschieden, ob die Blattröhren fein oder grob sind. Kräutergärtnereien bieten häufig Sorten an wie 'Elbe' (schmale Röhren, weiß blühend), 'Forescate' (kräftige Röhren, burgunderrot blühend). **Schnittknoblauch** oder **Knolau** *(Allium ramosa)* wächst wie Schnittlauch, schmeckt aber wie Knoblauch. Das Kraut ist ebenfalls mehrjährig und kann jedes Jahr mehrfach geschnitten werden.

Im ersten Jahr treibt Schnittlauch nur grünes Kraut. Im Jahr darauf zeigen sich die essbaren Blüten.

Thymian

Thymus vulgaris, Familie der Lippenblütler

Thymian galt früher als Männerkraut, das Mut und Tapferkeit verlieh. Das griechische Wort »thymos« bedeutet nämlich Lebenskraft. So stiegen die römischen Soldaten, bevor sie in die Schlacht zogen, in ein Thymianbad. Noch heute ist das Kraut Bestandteil von Bädern, die gegen Erkältungen wappnen sollen.

Gesundheitlicher Wert

Ätherische Öle, Harze, Gerb- und Bitterstoffe, Flavonoide und Saponine. Das ätherische Öl Thymol wirkt stark antibakteriell und antiviral. In der Volksmedizin ist Thymian eines der wichtigsten Mittel gegen Husten. Er hilft auch gegen Blähungen und Appetitlosigkeit. Sein aromatischer, leicht pfefferig-scharfer Geschmack passt gut zu Fisch, Fleisch und Gemüse. Die Zweige werden mitgeschmort, während man die milder schmeckenden Blüten frisch über die Speisen streut. Zitronenthymian gibt Gerichten zusätzlich eine erfrischende Note.

Anbauen

Die winzigen Samen brauchen zum Keimen Licht. Sie werden mit Sand vermischt, damit man sie besser sieht und zwischen Mitte April und Mitte Mai ausgesät. Anschließend nicht mit Erde bedecken. Bei 20 °C keimen sie innerhalb einer Woche. Einfacher ist es, junge Pflanzen beim Gärtner zu kaufen und diese in Töpfe (drei Liter) mit durchlässiger Erde zu pflanzen.

- Thymian ist ein Schwachzehrer. Er hat geringere Nährstoffansprüche als Rosmarin und Salbei, liebt es aber ebenso wie diese warm und sonnig.
- Zum Überwintern sollte die immergrüne Pflanze vor Nässe und Sonne geschützt aufgestellt, z. B. dicht an eine Wand oder in eine Ecke gerückt werden.
- Im Frühjahr und nach der Blüte im Juli zurückschneiden. Dann bleiben die Pflanzen kompakt und bringen frische zarte Triebe hervor.

Mischkultur

Keine Vorlieben oder Abneigungen bekannt.

Ernten

Kraut und junge Triebe können das ganze Jahr über geerntet werden.

Empfehlenswerte Arten und Sorten

'Compactus' (gedrungener Wuchs, intensives Aroma, 10–20 cm hoch), 'Fleur Provençale' (aromatische Auslese für die Küche, 20 cm hoch). Der Zitronen-Thymian (*Thymus × citriodorus*) mit einem fruchtigen Aroma braucht etwas mehr Winterschutz. Er wird bis 25 cm hoch.

Thymian verleiht Speisen eine pfefferige Note, Zitronenthymian, hier 'Silver Queen', erfrischt zudem.

Zitronenmelisse

Melissa officinalis, Familie der Lippenblütler

Die glänzend grüne Oberfläche der Melisseblätter ist mit vielen kleinen Öldrüsen besetzt. Bei Wärme und durch Berührung entströmt ihnen ein herrlicher, zitronenähnlicher Duft, von dem sich auch Bienen angezogen fühlen. In der botanischen Bezeichnung *Melissa* steckt das griechische Wort für Biene und für Honig.

Gesundheitlicher Wert

Ätherische Öle, Vitamin C, Saponine, Harz, Thymol, Gerb- und Bitterstoffe. Melissentee beruhigt den Magen und fördert die Verdauung. Das leichte zitronenartige Aroma der Melisse passt gut zu Gemüse und Desserts. So mischt man etwa ganze Blätter frisch in Blatt- und Obstsalate.

Anbauen

Melisse kann ab April ausgesät werden. Doch im Grunde braucht man nur eine Pflanze, die sich schnell beim Gärtner besorgen lässt. Denn Melisse breitet sich durch unterirdische Ausläufer aus und bildet große Büsche. Man bändigt sie am besten in einem großen Topf (mindestens fünf Liter). Die Erde sollte durchlässig sein (Kräutererde ist ideal) und der Standort sonnig. Den Winter über müssen die Töpfe geschützt stehen.

- Melisse ist wie Petersilie ein Mittelzehrer. Pflanzen im Topf brauchen jedes Jahr frischen Dünger.
- Bei Trockenheit regelmäßig Wässern.

Mischkultur

Keine Vorlieben oder Abneigungen bekannt.

Ernten

Junge Blätter und Triebspitzen werden je nach Bedarf abgeknipst. Zum Trocknen der Blätter kappt man die Pflanzen im Juni kurz vor der Blüte. Ein häufiges Schneiden sorgt für einen Nachschub an zarten Blättern.

Empfehlenswerte Sorten

'Aurea' (zitronengelbe Blätter, steht lieber etwas schattig), 'Bisuga' (sehr aromatisch, hohe Gehalte an ätherischen Ölen, robust und wüchsig), 'Limoni' (ähnlich 'Bisuga', doch das Aroma erinnert an Limonen).

Melisse breitet sich durch unterirdische Ausläufer aus. Am besten bändigt man sie in einem großen Topf.

Essbare Blüten

Kapuzinerkresse

Tropaeolum majus, Familie der Kapuzinerkressen-gewächse

Die Wildarten wachsen in Süd- und Mittelamerika, von wo die Kapuzinerkresse vor mehr als 500 Jahren nach Europa eingeführt wurde. Der Sporn am hinteren Ende der Blüte, der an die Kapuze einer Mönchskutte erinnert, und der würzige Geschmack der Blätter gaben der Blume, die auch zu den Heilpflanzen zählt, ihren Namen.

Gesundheitlicher Wert

Senföle, Vitamine, Ascorbinsäure, Carotinoide, und Flavonoide. Die ganze Pflanze schmeckt pfefferig und kresseartig. Die schildförmigen Blätter, Knospen und süß duftenden Blüten schmecken lecker in Salaten, Quark

Die Blüten der Kapuzinerkresse können roh gegessen werden. Sie schmecken leicht pfefferig.

und Frischkäse. Unreife Samen und Blütenknospen können wie Kapern eingelegt werden. Die reifen Samen lassen sich rösten und zu einem Gewürz zermahlen. Die Heilkraft der Kapuzinerkresse geht vor allem vom Benzylsenföl aus, das antibakteriell, antiviral und antimykotisch wirkt.

Anbauen

Aussaat ab Ende April draußen in Töpfe. Bei größeren und länglichen Gefäßen wird alle 20 Zentimeter ein Samenkorn zwei Zentimeter tief in die Erde gedrückt. Einen Fünf-Liter-Topf sollte man mit drei Samen/Pflanzen bestücken.

- Kapuzinerkresse ist wie Dill ein Schwach- bis Mittelzehrer. Bekommt sie zu viele Nährstoffe wuchert sie stark, und es mangelt ihr an Blüten.
- Häufig werden die Triebe von der Schwarzen Bohnenlaus befallen. Sie lässt sich mit Kaliseife (z.B. Neudosan) vertreiben. Zusätzlich sollten die Triebe abgewischt werden.
- Die Samen sind mindestens vier Jahre lang keimfähig.

Mischkultur

Gute Partner sind Bohnen, Rettiche, Radieschen, Gurken und Kürbisse.

Ernten

Die Blüten ernten, sobald sie sich öffnen. Blätter und Knospen nach Bedarf abknipsen.

Empfehlenswerte Sorten

Es werden zwei Formen in Orange-, Gelb- und Rottönen angeboten: Erstens die rankende Kapuzinerkresse mit bis zu drei Meter langen Trieben und zweitens buschförmige Sorten, die etwa 30 cm hoch werden. Für die Küche können die Blüten beider Formen verwendet werden.

Ringelblume

Calendula officinalis, Familie der Korbblütler

Ringelblumen sind alte Heilpflanzen, die noch heute wegen ihrer entzündungshemmenden Wirkung als Tee oder Salbe verordnet werden. In der Antike galten die Blütenblätter als Safranersatz, mit dem Speisen gewürzt und gefärbt wurden. Der deutsche Name bezieht sich auf die gekrümmte Form der Samen.

Gesundheitlicher Wert

Ätherische Öle, Carotine (in orangefarbenen Blüten mehr als in gelben), Saponine und die heilwirksamen Flavonoide. Die positive Wirkung ist vielfältig.

Es können Blätter, die ganze Blüte oder nur Blütenblätter (botanisch sind dies Zungenblüten) verwendet werden. Allerdings schmeckt die Blütenmitte bitter. Die Blütenblätter sind dagegen aromatisch und sehen in Salaten hübsch aus. Auch die Blätter kommen klein geschnitten in Salate.

Anbauen

Aussaat ab März in kleine Töpfe oder in Reihen mit einem Abstand von 20 Zentimetern. Die Blume liebt Sonne und bevorzugt durchlässige, nicht zu nasse Böden.

- Ringelblumen sind Schwachzehrer.
- Schneidet man Verblühtes ab, begünstigt dies die neue Blüte.
- Bei Trockenheit wässern.
- Verblühte Blumen setzen Samen an. Fallen diese an Ort und Stelle zu Boden, keimen dort im Folgejahr neue Blumen. Man kann die Saat auch sammeln und gezielt aussäen.
- Die Samen sind mindestens drei Jahre lang keimfähig.

Mischkultur

Gute Partner sind Erdbeeren, Gurken, Salate und Tomaten.

Ernten

Es werden die geöffneten Blüten und jungen Blätter geerntet. Für Tee schneidet man ganze Blütenköpfe, zupft die Blätter ab und trocknet diese an einem schattigen Ort.

Empfehlenswerte Arten und Sorten

Mittlerweile reicht die Farbpalette der Sorten von Cremegelb über Zitronengelb, Orange bis zu diversen Rottönen. Zudem gibt es gefüllte und ungefüllte Sorten. Was man davon auswählt, hängt von den persönlichen Vorlieben ab.

Von den Ringelblumen kann man Blätter, ganze Blütenköpfe oder nur äußere Blütenblätter in Salate mischen.

Speisechrysantheme, Kronenwucherblume

Chrysanthemum coronarium, Syn.: *Glebionis coronaria,* Familie der Korbblütler

Bekannt ist die Speisechrysantheme als unkomplizierte Sommerblume, die ihrer leuchtend gelben Blüten wegen auch Goldblume heißt. Wer hätte also gedacht, dass diese Zierde zugleich ein leckeres Gemüse sein kann? Im asiatischen Raum ist das schon lange bekannt. Dort werden spezielle Sorten gezüchtet, die besonders schmackhaft sind.

Gesundheitlicher Wert

Vitamine, Folsäure und Mineralstoffe wie Kalzium. Roh werden die jungen Blüten im Ganzen, von älteren Blüten nur die äußeren Blätter sowie die feinherben Laubblätter zum Verfeinern von Salaten und Dekorieren von Suppen und Gemüsegerichten genutzt. Die Blüten können auch kurz in Öl angebraten und dann den Speisen zugefügt werden.

Anbauen

Aussaat flach zwischen März und September in Reihen mit 15 Zentimeter Abstand oder in Töpfe. Die Pflanzen bevorzugen einen sonnigen Platz. Es gibt zwei Möglichkeiten, sie zu kultivieren: Sie können wie Asia-Salate als reine Salatpflanze gezogen und mehrmals geschnitten werden. Oder man lässt sie im Topf (vier bis fünf Pflanzen in einem fünf Liter großen Topf) zu blühenden kleinen Sträuchern heranwachsen, von denen zunächst Blätter und später Blüten geerntet werden. Jedes Schneiden führt dazu, dass die Pflanzen sich verzweigen. Mit Blühbeginn werden die Blätter bitter.

- Die Speisechrysantheme ist wie Dill ein Schwach- bis Mittelzehrer. Werden die Pflanzen häufig geschnitten, sollten sie im Laufe des Sommers nochmals mit einem organischen Flüssigdünger versorgt werden.
- Die Erde sollte immer leicht feucht sein.
- Die Samen sind mindestens zwei Jahre lang keimfähig.

Mischkultur

Keine Vorlieben oder Abneigungen bekannt.

Ernten

Zarte Triebe und Blätter können schon nach etwa vier Wochen zum ersten Mal geschnitten werden. Die Pflanzen sollten mindestens zehn Zentimeter hoch sein. Sie wachsen nach, sodass man mehrmals ernten kann. Lässt man die Pflanzen größer werden, knipst man nur vereinzelt Blätter und später Blüten ab.

Empfehlenswerte Sorten

'Komi Shungiku Salada' (fein geschlitzte Blätter), 'Chosuey Orion' (mittelgroße Blätter)

Von der Speisechrysantheme kann man das Laub als Salat und die Blüten als essbare Dekoration nutzen.

Beerenobst für Töpfe und Kübel

Monats-Erdbeeren

Fragaria vesca var. *semperflorens*, Familie der Rosengewächse

Im Gegensatz zu den Erdbeeren, die im Mai und Juni die Märkte fluten, tragen Monats-Erdbeeren den Sommer über bis in den Oktober hinein Früchte. Diese sind zwar kleiner als die der Garten-Erdbeeren *(Fragaria × ananassa)*, haben dafür aber ein intensives Aroma, das an die verwandten Walderdbeeren erinnert.

Gesundheitlicher Wert
Viel Vitamine C, B_1, B_2 und B6, Fruchtsäuren, Flavonoide, Phytosterine sowie Mineralstoffe wie Eisen, Kalium, Kalzium, Kupfer und Magnesium. Die Früchte lassen sich frisch genießen, zu Sauce und zu Konfitüre verarbeiten.

Anbauen
Im Frühjahr einige Pflanzen kaufen. Sie werden im Abstand von 25 Zentimetern in Töpfe, Kübel und Balkonkästen gepflanzt. Die Topferde sollte etwas mit Kompost oder einem organischen Dünger angereichert werden. Die Pflanzen vertragen Sonne und Halbschatten.

- Erdbeeren sind wie Petersilie Mittelzehrer. Im Laufe des Sommers sollte hin und wieder ein organischer Flüssigdünger verabreicht werden. Jedes Frühjahr brauchen sie frische Nährstoffe.
- Die ersten Blütenknospen ausknipsen, dann verzweigen sich die Pflanzen, bilden Ausläufer und setzen mehr Blüten und Früchte an.
- Regelmäßig gießen, andernfalls bleiben die Früchte klein und ohne Aroma. Dabei darauf achten, dass die Früchte und das Laub nicht benetzt werden. Anderenfalls steigt die Gefahr von Pilzinfektionen und Fäulnis.
- Im Herbst nach der letzten Ernte werden die Pflanzen bis auf das Herzstück zurückgeschnitten. Dann die Töpfe an einem geschützten Platz überwintern.

Mischkultur
Gute Partner sind Zwiebeln, Radieschen, Rettiche, Salat, Bohnen, Feldsalat, Spinat, Petersilie, Rote Bete und Knoblauch. Nach drei Jahren sollte die Topferde bzw. der Standort der Pflanze gewechselt werden.

Ernten
Ab Juni können fortlaufend einzelne Früchte gepflückt werden.

Empfehlenswerte Arten und Sorten
'Mara des Bois' (bewährte alte französische Sorte mit mittelgroßen Früchten), 'Siskeep' (robuste Sorte aus Kalifornien mit großen Früchten), 'Josee' (wüchsige, robuste Sorte aus Frankreich mit großen Früchten).

Walderdbeeren *(Fragaria vesca)* bilden keine Ausläufer. Ihre Früchte sind kleiner als die der Monatserdbeeren und sehr aromatisch.

Die Früchte der Monats-Erdbeeren hängen vielfach an Ausläufern über den Topfrand hinaus.

Johannisbeeren

Ribes-Arten, Familie der Steinbrechgewächse

Johannisbeeren machen vor allem als Hochstämmchen eine gute Figur. In der Mitte eines großen Topfes lassen sie rundum Platz für Kräuter, Erdbeeren oder Salatpflanzen. Kurz vor der Ernte leuchten ihre Beeren, vor allem die der Roten Johannisbeere, wie kleine Blüten.

Gesundheitlicher Wert

Vitamin C, Vitamin B, Carotine, Mineralstoffe, Flavonoide, Gerbstoffe, Fruchtsäuren, Saponine, Pektine und ätherische Öle. Rote und weiße Johannisbeeren gehören in die Grütze und schmecken toll als Konfitüre oder pikante Sauce. Die schwarzen Sorten sind pur fast ungenießbar. Sie entfalten als Saft, Gelee, Konfitüre oder Likör ihr tolles Aroma.

Vor allem die Hochstämmchen von Roten Johannisbeeren sehen hübsch aus. Ihre Beeren leuchten in der Sonne wie kleine Blüten. Unter der Pflanze ist dann noch Platz für Kräuter oder Erdbeeren.

Anbauen

Im Frühjahr Sträucher als Busch oder als Hochstamm pflanzen. Der Topf sollte mindestens zehn Liter fassen und mit nährstoffreicher Topf- oder Kübelpflanzenerde gefüllt werden. Am besten sind sonnige, windgeschützte Plätze. Im Schatten bleiben die Beeren eher sauer.

- Johannisbeeren sind wie Petersilie Mittelzehrer. Vor allem im Topf gezogene Sträucher brauchen jedes Frühjahr frische Nährstoffe in Form eines organischen Düngers.
- Hochstämme müssen mit einem Pfahl gestützt werden.
- Den Boden feucht halten. Anderenfalls wirft der Strauch einen Teil seiner Blüten und Früchte ab.
- Die Befruchtung der Blüten ist besser, wenn mehr als nur ein Strauch vorhanden ist.
- Jeder Strauch sollte fünf bis acht kräftige Äste haben. Alle weiteren Triebe werden im Frühjahr oder im Sommer nach der Ernte entfernt. Hin und wieder einen schwächlichen alten Trieb gegen einen tragfähigen Neutrieb ersetzen.

Mischkultur

Keine Vorlieben oder Abneigungen bekannt.

Ernten

Ab Juli werden die ganzen Trauben vom Strauch geschnitten. Anschließend streift man die Beeren mit den Fingern oder einer Gabel von den Stielen.

Empfehlenswerte Arten und Sorten

Rote Johannisbeere *(Ribes rubrum)*: 'Rovada' (spät, robust), 'Rolan' (mittelfrüh, robust), 'Rosalinn' (mittelfrüh, sehr mildes Aroma, schwachwüchsig).
Weiße Johannisbeere *(Ribes rubrum)*: 'Werdavia' (mittelfrüh, robust)
Schwarze Johannisbeere *(Ribes nigrum)*: 'Ometa' (früh, sehr aromatisch)

Stachelbeeren

Ribes uva-crispa, Familie der Steinbrechgewächse

Stachelbeeren fristen ein bisschen ein Schattendasein. Welches Kind stürzt sich auf einen Stachelbeerstrauch und ruft »oh wie lecker«? Welcher Erwachsene nascht mal eben im Vorübergehen von den säuerlichen Beeren? Dabei sind diese sehr gesund und haben viel zu bieten – man muss ihnen nur eine Chance geben.

Gesundheitlicher Wert

Vitamin C, Vitamin B, Mineralstoffe, Fruchtsäuren, Pektine und Biophenole. Am besten schmecken Stachelbeeren gedünstet als Kompott, in würzigen Fleisch- und Fischgerichten und als pikantes Chutney.

Anbauen

Die Sträucher werden im Frühjahr als Busch oder Hochstamm gepflanzt. Der Topf sollte mindestens zehn Liter fassen und mit nährstoffreicher Topf- oder Kübelpflanzenerde gefüllt werden. Ein sonniger Standort ist am besten.

- Stachelbeeren sind wie Dill Schwach- bis Mittelzehrer. Im Topf gezogene Sträucher brauchen jedes Frühjahr neue Nährstoffe. Dazu wird ein organischer Dünger mit etwas frischer Erde in den Topf gegeben.
- Hochstämme brauchen einen Stützpfahl.
- Den Boden feucht halten.
- Die Befruchtung der Blüten ist besser, wenn mehr als nur ein Strauch vorhanden ist.
- Jeder Strauch sollte fünf bis acht kräftige Äste haben. Alle weiteren Triebe werden im Frühjahr oder im Sommer nach der Ernte entfernt. Hin und wieder einen schwächlichen alten Trieb gegen einen tragfähigen Neutrieb ersetzen.
- Viele alte Sorten werden häufig vom Amerikanischen Stachelbeermehltau befallen, der Blätter und Beeren mit einem weißen Belag überzieht (ein Grund, warum Stachelbeeren etwas in Ungnade gefallen sind). Daher nur widerstandfähige Sorten wählen.

Mischkultur

Keine Vorlieben oder Abneigungen bekannt.

Ernten

Ab Ende Juni werden die Beeren vom Strauch gepflückt. Überreife Früchte werden abgeworfen. Hitze und Trockenheit können dies beschleunigen.

Empfehlenswerte Sorten mit guter Widerstandfähigkeit gegen Mehltau

'Invicta' (grüngelbe aromatische Früchte, mittelfrüh),
'Mucurines' (dunkelgrüne süßaromatische Früchte, spät), 'Rokula' (dunkelrote, aromatische Früchte, früh), 'Rexrot' (grüngelbe bis rote aromatische Früchte, mittelfrüh), 'Remarka' (mittelrote leicht säuerliche Früchte, früh), 'Redeva' (purpurrote, sehr geschmackvolle Früchte, spät).

Jostabeere *(Ribes × nidigrolaria)*: Die Kreuzung aus Schwarzer Johannisbeere und Stachelbeere fruchtet mittelfrüh und ist robust. Die Früchte sehen aus wie große Schwarze Johannisbeeren, schmecken jedoch viel milder als jene.

Stachelbeeren sind vor allem als Kompott lecker und passen als Chutney gut zu deftigen Fleischgerichten. Wählt man die richtigen Sorten, bekommt man auch den Mehltau leicht in den Griff.

PRINZESSINNENGARTEN IN BERLIN

Ein Garten, der wandern kann – die Idee klingt paradox. Steht ein Grünflecken doch für Erdverbundenheit, stetes Werden und Vergehen im Rhythmus der Natur, für ein Wachsen und Blühen, das mit den Jahren intensiver wird. Wandern assoziiert das Gegenteil: einen ständigen Aufbruch, Wechsel der Orte und immer wieder Neuanfang. In Berlin jedoch

scheint alles möglich – zumindest in Zeiten, in denen die Lust am Gärtnern mitten in der Stadt an die harten Realitätsgrenzen verfügbaren Bodens stößt.

»Die Frage war, wie kommen wir an kostbares Bauland, um einen Gemüsegarten daraus zu machen«, erinnert sich Robert Shaw. Der Mitte

30-jährige Filmemacher entwickelte darauf zusammen mit seinem Freund Marco Clausen, einem Historiker und Gastronomen, die Idee des mobilen Gartens. Wenn sich nur kurzfristige Pachtverträge für Grundstücke abschließen lassen, weil sich die Verpächter Bauoptionen offen halten wollen, müssen die Beete beweglich sein, so die Schlussfolgerung

Auf einer ehemals verwilderten Baulücke türmen sich jetzt Kunststoffkisten zu Hochbeeten. Hier kultivieren die Prinzessinnengärtner alles, was man sich an Gemüse und Kräutern mitten in der Stadt frisch wünscht.

der beiden. Sie wählten genormte Europaletten aus und packten darauf zwei Lagen à vier Kunststoffkisten. Jedes Beet besteht demnach aus einer Fläche von 120 × 80 Zentimetern und lässt sich per Hubwagen und Gabelstapler an jede x-beliebige andere Stelle abtransportieren. Schließlich sind Hundert dieser Beete in Kreuzberg am Moritzplatz entstanden. Shaw und Clausen konnten dort eine 6.000 Quadratmeter große Brachfläche von der Stadt pachten. Sie nannten ihr Projekt »Prinzessinnengarten« – in Anlehnung an die benachbarte Prinzessinnenstraße.

Die Kisten stammen aus Bäckereien. Sie sind frei von Weichmachern, also lebensmittelecht und luftig gebaut, sodass ein Austausch zwischen zwei aufeinanderstehenden Kisten mög-lich ist. Die Kistenstapel werden nämlich wie Hochbeete mit Strauch-schnitt, Bioabfällen und feiner Komposterde befüllt. Diese Idee stammt von einem Biobauern. So lassen sich Fruchtfolgen und Anbaupläne auf der knapp 100 Quadratmeter gro-ßen Beetfläche realisieren. Sackt der Inhalt der unteren Kiste zusammen, wird einfach nachgefüllt, indem man die obere Kiste abhebt. Den zertifi-zierten Kompost erhält das Projekt von einem Kompostbetrieb. Alles wird den Maßstäben des Bioanbaus gerecht, denn die Nachfrage nach ökologischen Salaten, Kräutern und seltenen Gemüsearten ist unter den Stadtbewohnern riesig. Mittlerweile wird eine eigene Erde aus Kompost, Lauberde, Lehm, Ziegelsplitt und Bentonit zusammengemischt, die noch genauer auf die Verhältnisse in den Kisten abgestimmt ist.

Im Frühjahr 2009 waren 150 Kiez-bewohner zusammengekommen, um die verwilderte Baulücke von Müll zu befreien. Von Anfang an war der Garten als Gemeinschaftsprojekt geplant. »Wir hatten zunächst keine Ahnung von Gemüseanbau«, gibt Shaw freimütig zu. In grauer Vorzeit hätte er immerhin eine Lehre als Friedhofsgärtner gemacht. Beiden In-itiatoren ist diese offene Form wich-tig. Jeder kann sich engagieren und Verantwortung übernehmen. Das Projekt funktioniert nach dem Prinzip der Schwarmintelligenz: Leute tau-chen auf und bringen ihr spezielles Wissen ein. Darunter sind erfahrene Schrebergärtner, über Generationen in der Selbstversorgung erprobte Russen, Türken und Mitbürger ande-rer Kulturen sowie mit Unidiplom ausgestattete Akademiker. Angeregt durch die schwedische

Jede Kohlpflanze bekommt einen Reissack, denn sie braucht Platz zur Entfaltung und viele Nährstoffe.

Mangold in verschiedenen Farben gedeiht prächtig in den aus alten Bäckerkisten gebauten mehrstöckigen Beeten.

Die beiden Initiatoren Robert Shaw und Marco Clausen haben den Prinzessinnengarten als Gemeinschaftsprojekt angelegt: Jeder kann sich einbringen.

Wer selbst Tomaten und anderes Gemüse anbauen möchte, kann im Prinzessinnengarten auch diverse Jungpflanzen kaufen.

Künstlerin Åsa Sonjasdotter entstand schon im ersten Jahr ein Kartoffelprojekt mit 20 traditionellen Sorten, die in ausrangierten Reissäcken angebaut werden. Die Kartoffel gilt als globaler Migrant und es sollte auf ihre biologische Vielfalt aufmerksam gemacht werden. Die ungewöhnlichen Knollen, darunter Sorten wie 'Rote Emma', 'Blauer Schwede', 'Bamberger Hörnchen' und die rosafarbene 'Pink Fir Apple' spielten jahrhundertelang für den regionalen Anbau eine wichtige Rolle, bevor sie aus dem EU-Sortenkatalog verbannt wurden. Der Pflanzenbauwissenschaftler Bennar Marcus war begeistert von diesem Projekt, betreut und dokumentiert es nun.

Mehr als 20 Tomatensorten wurzeln ebenfalls in weißen Reissäcken. Sie wurden inzwischen von einer angehenden Gartenbauingenieurin unter die Fittiche genommen und vermehrt. Einige namenlose Sorten, darunter eine schwarze aus Sibirien, haben Migrantinnen als Saatgut aus ihrer Heimat mitgebracht. Einige Dutzend dieser Tomatenpflanzen haben jetzt sogar ein Dach über dem Kopf, nachdem der regenreiche Sommer 2009 den Befall mit Kraut- und Braunfäule begünstigt hatte. Die Energie, die das Projekt entfacht, sorgt häufig für schnelle Verbesserungen, wie in diesem Fall in Form eines provisorischen Gewächshauses. Manchmal entlädt sich die Energie aber auch in Übereifer. So sind die Möhren nach dem Keimen zwar ordentlich ausgedünnt worden, wie es sich gehört, die entfernten Sämlinge wurden aber an anderer Stelle wieder eingepflanzt – ein im Grunde vergeblicher Aufwand. So wurden von diesen Möhren später nur kurze, verkrüppelte Rüben aus dem Boden gezogen.

Aus dem überwiegenden Teil wurde dennoch etwas Leckeres gemacht, denn die Küche braucht ständig frischen Nachschub, und der kommt nun einmal aus dem Garten. Sie ist wie das Café in einem ausrangierten Schiffscontainer untergebracht. Beide bilden das Herzstück und den sozialen Mittelpunkt der gesamten Anlage. Hier werden Hunderte verschiedener Gartenerzeugnisse als

kulinarische Überraschungen unter die Leute gebracht. Allein im Frühjahr gedeihen neben Radieschen, Rettichen, Erbsen und Bohnen etwa 35 unterschiedliche Salate auf den Beeten. Im Sommer, wenn es für Blattsalate zu heiß wird, folgen Neuseeländerspinat, Asia-Salate und diverse Melden, sodass für gemischte Salate immer ausreichend Grün zur Verfügung steht. Die Köche richten ihre Kreativität gänzlich am Angebot aus dem Garten aus. Sind gerade viele Zucchiniblüten reif, werden diese abends mit einer Ricotta-Chili-Füllung, als Minz-Zucchini und Zitronenrisotto angeboten. Auch die Pizza wird zu einer sich täglich verändernden Delikatesse, die zum Beispiel

mit bunten Kartoffeln, Möhren, Gurke, Kräutern, Asia-Salaten sowie Blütenblättern von Ringelblumen und Borretsch belegt sein kann.

Am Abend kommen viele Leute nach der Arbeit vorbei, sitzen um die Biertische, plaudern, machen Musik, trinken oder träumen einfach unter den jungen Pappelschösslingen in den Sommerabend hinein, während das Zirpen der Grillen den Autoverkehr in unwirkliche Fernen drängt.

Man kann nur hoffen, dass die mobilen Beete im Sand des Moritzplatzes fest verwurzeln und allein die tolle Ursprungsidee an viele Orte weiterwandert.

In einem ausrangierten Schiffscontainer ist das Cafe untergebracht. Es bildet mit der Küche das Herzstück der Anlage. Von hier aus werden die Köstlichkeiten des Gartens unter die Leute gebracht, die abends von den Köchen kreiert werden.

Die Ernten verwerten

Nun liegt die Pracht des Sommers vor Ihnen und wartet darauf veredelt zu werden. Es geht darum, die Frische zu erhalten und das Aroma haltbar zu machen. Das lässt sich durch schonende Verarbeitung und köstliche Formen des Konservierens erreichen. Lassen Sie sich von diesem Kapitel einfach mal den Mund wässerig machen.

Reichtum ernten

Eltern kennen dieses Gefühl. Handelt es sich um ihre Kinder, erfüllt sie Stolz, selbst dann, wenn die Ergebnisse des eigenen Nachwuchses vielleicht nicht ganz mit denen anderer mithalten können. Das ist mit dem Nachwuchs aus dem Garten nicht viel anders. Hauptsache alles wurde mit Liebe herangezogen. Da fällt eine krumme Möhre oder ein zu klein geratenes Radieschen nicht ins Gewicht. Sie werden genauso mit Genuss verspeist, wie alles andere aus eigenem Anbau.

Was also zählt, ist die Zeit, die man in die Aufzucht investiert hat. Was zählt ist aber auch, dass selbst gezogenes Gemüse gesund und vitaminreich ist. Denn zwischen Ernte und Verzehr liegen manchmal nur Minuten, in denen die wertvollen Inhaltsstoffe nicht verloren gehen. Zudem kann man beim eigenen Grünzeug sicher sein, dass es nicht mit giftigen Pflanzenschutzmitteln und wasserlöslichen Mineraldüngern in Berührung gekommen ist. Was aus dem eigenen Boden gezogen wird, stellt also einen unschätzbaren Wert dar. Das sollte man sich klar machen.

Doch wie lassen sich größere Mengen an Kräutern und Gemüse nun schnell und schonend verwerten? Vor dieser Frage steht jeder Gärtner immer wieder.

Frisch verarbeiten

Das Wetter ist warm, die Pflanzen schießen ins Kraut und wachsen, was das Zeug hält. Einige Arten, wie Möhren und Rote Bete haben ein großes Erntefenster. Sie können im Boden bleiben, bis man sie braucht. Es sei denn man möchte für eine neue Aussaat Platz schaffen. Doch viele andere Arten können nicht warten. Spinat etwa wird schnell bitter. Einige Salate und vor allem Kräuter beginnen zu blühen und werden ungenießbar, wenn man sie nicht rechtzeitig schneidet. Außerdem ist es sinnvoll, sich für den Winter mit Vorräten einzudecken, bevor der Frost die aromatischen Pflanzen dahinrafft.

Es bedeutet keinen großen Aufwand, das Geerntete haltbar zu machen – wenn man weiß, wie man vorgehen und was man dazu im Haus haben muss. Zunächst wird das Erntegut gewaschen, um es von Erde und Staub zu befreien. Wer in der Stadt lebt und sieht, wie viele Schmutzpartikel dort durch die Luft fliegen, wird ohnehin das Bedürfnis haben, das Gemüse vor dem Verarbeiten abzuspülen. Auch Kräuter braust man besser gründlich ab und tupft sie anschließend mit Küchenpapier trocken, bevor man daran geht ihr Aroma zu konservieren.

Das Trocknen frischen Ernteguts

Folgende Kräuter können durch Trocknen ihr Aroma gut halten: Estragon, Koriander, Lavendel, Lorbeer, Majoran, Oregano, Rosmarin, Salbei und Thymian. Sie werden kurz vor der Blüte am späten Vormittag geschnitten, zu kleinen Sträußen gebündelt und luftig aufgehängt oder auf Papier zum Trocknen ausgebreitet.

■ Der Ort zum Trocknen sollte warm, schattig und trocken sein. Auf dem Land sind Scheunen dafür ideal. Städter hängen die Kräuter auf den Dachboden, in ein luftiges Zimmer oder unter den Dachüberstand.

■ Möglich sind auch spezielle Trockenapparate und Öfen. Im Ofen, wo man die Kräuter locker auf einem Backblech ausbreitet, sollte die Temperatur unter 35 °C bleiben, sonst verflüchtigen sich die ätherischen Öle. Die Tür des Backofens bleibt leicht geöffnet. Ein alter Hausfrauentrick: Dazu einfach einen Kochlöffel in die Ofenklappe stecken.

■ Getrocknete Kräuter entfalten ihr Aroma am intensivsten, wenn sie in einem Mörser zerstoßen werden. So lässt sich auch Kräutersalz herstellen. Dazu wird ein Teil Salz mit fünf Teilen zerkleinerten Kräutern vermengt.

Nach dem Trocknen werden die Blätter von den Stielen gestreift oder die Kräuter mit einer Schere in Stücke geschnitten. Das trockene Kraut sollte man vom Licht fernhalten und in einer Dose oder einem Glas, das am besten dunkel eingefärbt ist, aufbewahren. Die Haltbarkeit beträgt etwa ein Jahr. Im Frühjahr jedoch sprießt schon wieder frisches Kraut, das immer am besten schmeckt.

Tomaten trocknen

Anders als bei vielen anderen Gemüsearten bleiben die Vitamine in Tomaten ebenso wie in Obst beim Trocknen weitestgehend erhalten. Ihr Aroma wird durch das Trocknen sogar noch intensiver.

So geht's: Tomaten vierteln, Kerne entfernen und auf ein Backblech mit Backpapier legen. Mit Salz, Pfeffer und etwas Oregano würzen. Bei 60 °C Umluft ca. drei Stunden lang trocknen lassen. Die Ofentür bleibt dabei einen Spalt weit offen (Kochlöffel in die Tür stecken).

Zur Aufbewahrung eignen sich am besten trockene, dicht schließende Behälter, die kühl (möglichst unter 15 °C) und vor Licht geschützt aufbewahrt werden.

Kräuter lassen sich am besten luftig, schattig und zu kleinen Bündeln zusammengebunden trocknen.

Das Aroma der Kräuter in Essig und Öl konservieren

Kräuter, die in Essig oder Öl eingelegt werden, bleiben relativ frisch. Die Flüssigkeiten nehmen das Aroma auf und konservieren es besser als es das Trocknen vermag. Zum Einlegen eignen sich sehr gut: Basilikum, Koriander, Lorbeer, Majoran, Oregano, Rosmarin, Thymian und Salbei. Wichtig ist, die Kräuter unmittelbar nach der Ernte zu verarbeiten. Sie werden in Flaschen oder Einweckgläser gesteckt und mit Essig (dieser sollte mindestens zwei Jahre alt sein und mindestens 5 % Säure enthalten; Weißweinessig ist besonders gut geeignet) oder Öl (am besten kalt gepresstes Olivenöl) aufgefüllt. Hier einige Beispiele:

Estragonessig

Zutaten: 4 Stängel (ca. 15 cm lang) französischer Estragon, 750 ml Weißweinessig.

Zubereitung: Den Estragon in eine Flasche stecken, mit Essig auffüllen, verschließen und vier Wochen lang ziehen lassen. Die Estragonzweige können in der Flasche bleiben oder herausgefischt werden.
Eignet sich zum Aromatisieren von Saucen und Salaten.

Lavendelblütenessig

Zutaten: 6 frisch erblühte Ähren vom Lavendel (diese höchstens kurz abspülen, damit sie ihr Aroma nicht verlieren), 50 ml helle Essigessenz, 200 ml abgekochtes Wasser, 1 TL Zucker, 1 TL Salz.

Zubereitung: Blütenähren direkt vom Strauch in eine Flasche füllen, Essigessenz, abgekühltes Wasser, Zucker und Salz dazu geben. Vier Wochen lang ziehen lassen und dann durch ein feines Sieb in eine saubere Flasche gießen.
Passt gut zu Salaten (nur einige Tropfen) und mediterranem Schmorgemüse.

Mediterrane Kräuter in Öl

Zutaten: je ein kleines Bund Basilikum, Oregano, Rosmarin, Thymian, Salbei und Bergbohnenkraut, 2 EL Meersalz, 100 ml Olivenöl.

Zubereitung: Blätter abstreifen und fein hacken, mit Salz vermischen und in ein Glas füllen. Zum Schluss das Olivenöl darüber gießen. Es sollte etwa 1 cm über den Kräutern stehen. Das Glas verschließen und kühl aufbewahren. Dieses Öl eignet sich gut zum Würzen von Salaten, Suppen, Tomatensaucen und Geflügel.

Es braucht nur einen Rosmarinzweig und gutes Olivenöl, um ein aromatisches Kräuteröl herzustellen.

Mit Kräutern Quark und Butter verfeinern

Mischt man die frischen Kräuter mit Milchprodukten, kommen die Kräuteraromen in milder Form zur Entfaltung. Frischer Kräuterquark oder frische Kräuterbutter ist mit keinem industriell hergestellten Produkt vergleichbar. Die Kräuterbutter lässt sich einfrieren. Dazu formt man sie zu einer Rolle, wickelt sie in Alufolie oder streicht sie in Eiswürfelbehälter.

Kräuterbutter

Zutaten: 250 g weiche Sauerrahm-Butter, 1 Knoblauchzehe, 100 g fein gehackte Kräuter, z. B. von Schnittlauch, Petersilie, Estragon und Kresse. Dazu Zitronensaft, Salz und Pfeffer.

Zubereitung: Butter mit einer Gabel schaumig rühren, den geschälten Knoblauch dazu pressen und zusammen mit den Kräutern untermengen. Mit einigen Spritzern Zitronensaft, Salz und Pfeffer aus der Mühle abschmecken. Wer mag, kann außerdem einen Teelöffel Senf dazu geben.
Passt gut zu Brot, gegrillten Steaks und Lammkoteletts.

Ringelblumenbutter

Zutaten: Blütenblätter von drei Ringelblumen, 250 g weiche Sauerrahm-Butter, 1 EL Limettensaft, 2 EL Crème fraîche, ca. 1 TL Curry.

Zubereitung: Blütenblätter fein hacken und mit Butter, Limettensaft und Crème fraîche zu einer homogenen Masse verrühren. Wer mag, schmeckt alles mit Curry und etwas Salz ab.
Passt gut zu Brot, Nudeln, Fisch und Geflügel.

Quark mit Schnittlauch und Dill

Zutaten: 200 g Magerquark, 150 g Schmand, 2 EL Mineralwasser, 1 TL Zitronensaft, je 1 Bd. Schnittlauch und Dill.

Zubereitung: Quark, Schmand, Mineralwasser und Zitronensaft verrühren. Schnittlauch und Dillblätter klein schneiden und in den Quark mischen. Mit Salz und Pfeffer abschmecken.
Passt gut zu Ofenkartoffeln.

Quark mit Kresse und Meerrettich

Zutaten: 200 g Quark, 150 g Saure Sahne, eine Handvoll Kresse, 1 TL Meerrettich.

Zubereitung: Quark und Saure Sahne verrühren, dann die Kresse und den Meerrettich unterheben. Mit Salz und Pfeffer aus der Mühle abschmecken.
Passt gut zu Ofenkartoffeln.

Schaumig gerührte Butter und klein gehackte Kräuter ergeben einen köstlichen Brotaufstrich.

Saucen und Pesti

Pasten wie das klassische Pesto sind eine weitere Möglichkeit, das Aroma der Kräuter zu bewahren. Allerdings beschränkt sich deren Haltbarkeit auf wenige Wochen, in denen die Pasten im Kühlschrank aufbewahrt werden müssen. Die Saucen werden dagegen nur n kleinen Mengen unmittelbar zu einzelnen Gerichten hergestellt.

Klassisches Pesto

Zutaten: 250 g frisches Basilikum (entspricht etwa einem halben Bund), 50 g Pinienkerne, 2 geschälte Knoblauchzehen, 40 g geriebener Parmesankäse, 4 EL Olivenöl, Salz und Pfeffer.

Zubereitung: Basilikumblätter von den Stielen zupfen. Pinienkerne in einer Pfanne bei schwacher Hitze unter Rühren rösten. Diese dann mit Basilikum, Knoblauch und Parmesankäse mit Pürierstab, Mixer oder Blitzhacker zerkleinern. Bei laufender Maschine das Olivenöl dazugeben. Alles mit Salz und Pfeffer abschmecken. Passt gut zu Spaghetti, Fisch und Geflügel.

Variation mit 250 g Basilikum, 250 g Rucola, 125 ml Olivenöl, 1 TL Limettensaft sowie Salz und Pfeffer.

Minze-Pesto

Zutaten: 1 großes Bund Minze, 75 g gehäutete Mandeln, 150 ml Olivenöl, 3 TL Zitronensaft.

Zubereitung: Blätter von den Stängeln abstreifen, grob zerhacken ebenso wie die Mandeln. Mit einem Pürierstab, Mixer oder Blitzhacker zerkleinern und Olivenöl dazugeben. Mit Salz, Pfeffer und Zitronensaft abschmecken.
Passt gut zu Lammkoteletts und gebratenem Fisch.

Salbei-Sahne-Sauce

Zutaten: 3 Knoblauchzehen, 250 g Sahne, 120 g geriebener Parmesankäse, 3 EL Butter, 16 frische Salbeiblätter.

Zubereitung: Knoblauch schälen, halbieren und in der Sahne sieben Minuten köcheln lassen. Den Knoblauch aus der Sahne nehmen und dafür die Hälfte des Parmesankäses in die Sahne rühren. Mit Salz und Pfeffer würzen und warten bis der Käse schmilzt. Parallel die Salbeiblätter in der Butter knusprig braten.

Passt gut zu Spaghetti. Diese mit der Salbeibutter vermischen. Dann kommen Sahnesauce und der Rest Parmesankäse darüber.

Klassisches Pesto basiert auf Basilikum. Es sind jedoch auch Varianten mit Minze oder Rucola denkbar.

Salate und Gemüse ernten und verarbeiten

Für Karl-Josef Fuchs, Spitzenkoch im Restaurant Spielweg im Münstertal, ist Salat wichtiger Bestandteil eines Menüs. »Er ist appetitanregend und besticht durch die vielfältigen Möglichkeiten der Zubereitung. Natürlich sollte er so frisch wie möglich sein; optimal ist, wenn man ihn frisch vom Bauern gestochen bekommt«,

schreibt der Küchenmeister aus dem Schwarzwald. Oder man baut den Salat eben selbst gleich direkt am Haus an. Dann ist die Ernte an Frische nicht zu überbieten.

Die in diesem Buch vorgestellten Arten werden am besten Blatt für Blatt gepflückt oder mit der Schere geschnitten. Der späte Vormittag ist dafür ein optimaler Zeitpunkt. Nachts nehmen die Pflanzen gesundheitsschädliches Nitrat auf. Es wird mithilfe der Sonnenenergie am Vormittag in höherwertige Stickstoffformen, z. B. Aminosäuren, umgewandelt. Wer verschiedene Salatarten angepflanzt hat, nimmt aus jeder Reihe einige Blätter. Das ergibt eine gesunde, wohlschmeckende Mischung. Jetzt müssen die Blätter nur noch gewaschen, geschleudert, mit anderer Grünkost kombiniert und mit der richtigen Sauce abgeschmeckt werden. Bleiben einige Blätter übrig, hält man sie am besten in einem Plastikbeutel im Kühlschrank frisch.

Salat-Saucen

Mit Öl oder süßer Sahne angemacht, können die Inhaltsstoffe des Salates vom Körper am besten aufgenommen werden. Denn viele davon lösen sich in Fett, aber nicht in Wasser. Salate sollten immer erst kurz vor dem Servieren mit dem Dressing versetzt werden, damit sie frisch und knackig bleiben.

Grundrezept für eine Vinaigrette

Zubereitung: 2 EL Weißweinessig, 4 EL Olivenöl und 1 TL französischer Senf werden mit einem Schneebesen gründlich verrührt. Dann mit Salz und Pfeffer aus der Mühle abschmecken.
Variante: Anstelle des weißen kann man auch roten Weinessig oder einen Kräuteressig verwenden und 1 EL fein gehackte Kräuter dazu geben.

Ein Salat aus verschiedenen Gemüsearten und etwas Dressing ist schnell hergestellt und so gesund.

Koriander-Zitronen-Dressing

Zubereitung: 2 EL Koriandergrün grob hacken. Dieses mit 3 EL Zitronensaft, 2 TL braunem Zucker und 2 EL Olivenöl kräftig mit einem Schneebesen verrühren. Passt gut zu allen grünen und roten Salaten.

Feldsalat mit Roter Bete in Pinienkern-Marinade

(Rezept des deutschen Spitzenkochs Hartmut Leimeister)

Zutaten: 150 g gekochte und geschälte Rote Bete, 100 g Feldsalat, 80 g geröstete Pinienkerne, 50 ml Geflü-gelbrühe, Rotweinessig, weißer Balsamicoessig, Sonnenblumenöl.

Zubereitung: Rote Bete in Streifen schneiden und 20 Minuten in eine Marinade aus 2 EL Rotweinessig, 2 EL Sonnenblumenöl, Salz, Pfeffer und etwas Zucker legen. Für die Sauce Pinienkerne, 3 EL weißen Balsamicoessig, Brühe und 50 ml Sonnenblumenöl in einem Gefäß mit einem Stabmixer zu einer cremigen Sauce pürieren. Mit Zucker, Salz, Pfeffer und einigen Spritzern Zitronensaft abschmecken. Rote Bete mit dem Feldsalat mischen und die Sauce darüber geben.
Passt gut zu herzhaften Fleischgerichten.

Wer verschieden Salatarten angepflanzt hat, braucht nur jeweils ein paar Blätter zu ernten, um für farbenreiche Abwechslung zu sorgen. Es können auch junge Blätter von Spinat und Roter Bete hinzukommen.

Chutneys

Chutneys sind würzige Fruchtsaucen, die aus Indien stammen und von den Engländern nach Europa eingeführt wurden. Sie werden vor allem zu Fleisch-, Geflügel- und Reisgerichten gereicht. Sie passen auch gut zu Pellkartoffeln. Die Mischung von Süß und Sauer rührte traditionell von den Früchten, die mit Zitronensaft versetzt wurden. Mittlerweile verwendet man vor allem Zucker und Essig – nicht zuletzt, um die Fruchtsaucen gut haltbar zu machen.

Tomaten-Zucchini-Chutney

Zutaten: 700 g feste Tomaten, 600 g Zucchini, 300 g Zwiebeln, 3 Knoblauchzehen, 2 Peperoni, 3 EL Senfkör-

ner, 300 ml Apfelessig, 1 Stange Zimt, 1 EL Salz, 500 g Zucker, 10 Gewürznelken, 3 EL Petersilie, 3 EL Basilikum, 2 EL Oregano, 2 EL Liebstöckel.

Zubereitung: Tomaten an der Oberseite kreuzweise einritzen, kurz in kochendes Wasser geben und enthäuten. Dann vierteln, Kerne und Stängelansatz entfernen und schließlich in Würfel schneiden. Zucchini, Zwiebeln, Knoblauch und Peperoni klein schneiden. Senfkörner im Topf kurz anrösten und dann mit Essig, Zucker, Zimt, Salz und Gewürznelken zum Kochen bringen. Tomaten, Zucchini, Zwiebeln, Knoblauch und Peperoni hinzufügen und alles 25 Minuten köcheln lassen. Zum Schluss kommen die gehackten Kräuter hinzu. Das Ganze noch einmal kurz aufkochen, dann in die vorbereiteten Gläser füllen und diese fest verschließen.
Passt gut zu gebratenem Fisch.

Stachelbeer-Chutney

Zutaten: 100 ml Balsamicoessig, 200 g Rosinen, 170 g Zwiebeln, 1000 g Stachelbeeren, 400 g Zucker, 1 ½ TL gemahlenen Ingwer, 1 ½ TL Cayennepfeffer, 2 TL Salz, 170 ml Kräuteressig, 170 ml Apfelessig.

Zubereitung: Balsamicoessig mit der gleichen Menge Wasser mischen und die Rosinen darin über Nacht einweichen. Im Sieb abtropfen lassen. Zwiebeln schälen und grob hacken. In etwas Wasser dünsten, bis sie weich sind und ebenfalls abtropfen lassen. Zwiebeln, Rosinen, Stachelbeeren, Zucker, Ingwer, Cayennepfeffer, Salz und Kräuteressig ca. zehn Minuten zu einer dicklichen Masse einkochen. Den Apfelessig hinzufügen und nochmals einige Minuten weiterkochen. Schließlich das noch heiße Chutney in die Gläser füllen und diese verschließen.
Passt zu gebratenem Fleisch und Käse.

Wer auf eine reiche Zucchini-Ernte blickt, verarbeitet diese einfach zu einem würzigen Chutney.

Einfrieren und aufbewahren

Petersilie, Kerbel, Schnittlauch und Basilikum lassen sich zwar trocknen, allerdings bleibt danach nicht viel von ihrem Aroma übrig. Viel besser ist es daher, diese Arten einzufrieren. So lassen sich ihr Geschmack und ihre Inhaltsstoffe monatelang konservieren. Die Kräuter werden gewaschen, auf Küchenpapier getrocknet und klein geschnitten. Dann gibt es mehrere Möglichkeiten sie zu portionieren und einzufrieren.

- Locker in Gefrierbeuteln oder Gefrierdosen, die mit der jeweiligen Art beschriftet werden. Diese Methode eignet sich für große Portionen. Um zu verhindern, dass die Kräuter zusammenkleben, breitet man sie zunächst auf einem Teller aus, lässt sie so im Gefrier-fach kurz anfrieren und füllt sie anschließend in die Beutel oder Dosen.
- Gut portionieren lassen sich Kräuter im Eiswürfel-behälter. Sie werden einfach in die Fächer gefüllt, mit Wasser übergossen und tiefgekühlt. Schon nach einigen Stunden können die gefrorenen Kräuterwürfel in Gefrierbeutel umgefüllt werden. Später werden die Eiswürfel in Saucen oder Suppen gegeben, ohne vorher aufzutauen.
- Essbare Blüten werden ebenso wie Kräuter eingefroren.
- Gemüse muss man vor dem Einfrieren blanchieren, sonst verliert es die frische Farbe. Zudem werden so Enzyme zerstört, die den Abbau von Vitaminen beschleunigen.

Das Aroma von Kräutern wie Kerbel, Basilikum, Petersilie und Schnittlauch lässt sich gut konservieren, wenn diese klein gehackt und portioniert eingefroren werden. Dazu sind Eiswürfelbehälter hilfreich.

Aussaat- und Anbaukalender *)

Art	Aussaat/Anzucht	Reihenabst.	Ernte nach	Bemerkung
Gemüse:				
Buschbohnen	A. Mai – M. Juli	40 cm	10–12 Wo.	D, flach säen
Schalerbse	M. März – M. Juni	20 cm	10–12 Wo.	D
Zuckererbse	April – M. Juni	20 cm	10–12 Wo.	D
Markerbse	April – M. Juni	20 cm	10–12 Wo.	D
Salatgurke	M. Mai – M. Juni	50 cm	9–18 Wo.	D
Kartoffeln	M. April – M. Mai	25 cm	12–24 Wo.	Knollen vorkeimen
Kürbis	M. April – M. Mai	50 cm	14–24 Wo.	V + D
Mangold	M. April – A. Juni	20 cm	12–20 Wo.	D
Neuseel. Spinat	A. April – E. April	40 cm	12–20 Wo.	V + D
Bund-Möhren	März – E. Juni	30 cm	13–17 Wo.	D, Saattiefe 1–2 cm
Lager-Möhren	März – A. Juni	30 cm	17–23 Wo.	D, Saattiefe 1–2 cm
Pastinake	März – Juni	30 cm	22–28 Wo.	D
Paprika	März	50 cm	20–30 Wo.	V, 1. Knospe ausbrechen
Radieschen	März – August.	20 cm	4–6 Wo.	D
Rettiche	E. April – August	30 cm	6–8 Wo.	D
Rote Bete	M. April –E. Juni	25 cm	12–24 Wo.	V + D
Spinat	E. Feb.– A. Sep.	20 cm	6–10 Wo.	D
Tomaten	März.	100 cm	18–30 Wo.	V, Triebe ausgeizen
Zucchini	M. April – M. Mai	100 cm	10–30 Wo.	V + D
Zwiebeln	A. März – E. April	20 cm	14–24 Wo.	D oder Steckzwiebeln
Salate:				
Asia-Salate	A. Juli – A. Sep.	20 cm	3–10 Wo.	D
Eichblatt-Salat	M. März – E. Juli	20 cm	4–12 Wo.	D
Escariol-Endivie	M. Juni – E. Juli	25 cm	10–14 Wo.	D
Frisée-Endivie	E. März – M. Juni	25 cm	10–14 Wo.	D
Feldsalat	M. Juli – M. April	10 cm	8–12 Wo.	D
Melde	März – A. August	25 cm	6–8 Wo.	D
Pflücksalat	M. März – E. Juli	20 cm	4–12 Wo.	D
Radicchio	A. Juni – M. Juli	20 cm	4–12 Wo.	D
Rauke	Mai – A. Sep.	15 cm	3–6 Wo.	D
Romana	E. März – M. Juli	20 cm	8–14 Wo.	D
Sommer-Portulak	M. Mai – E. Juli	20 cm	4–10 Wo.	D
Schnittsalat	M. März – E. Juli	20 cm	4–12 Wo.	D

Art	Aussaat/Anzucht	Reihenabst.	Ernte nach	Bemerkung
Spargelsalat	E. März – Mitte Juli	20 cm	4–14 Wo.	D
Winterpostelein	E. Juli - März	15 cm	8–12 Wo.	D
Winterkresse	Juli – A. September	20 cm	8–12 Wo.	D
Schnitt-Zichorie	M. März – E. Juli	20 cm	4–12 Wo.	D
Zuckerhut	A. Juni – M. Juli	20 cm	4–12 Wo.	D

Kräuter und essbare Blumen:

Art	Aussaat/Anzucht	Reihenabst.	Ernte nach	Bemerkung
Basilikum	April – A. Juni	30 cm	8–16 Wo.	D, L
Bergbohnenkraut	April – Mai	40 cm	8–24 Wo.	V + D, L
Bohnenkraut	April – E. Juni	30 cm	8–20 Wo.	D, L
Speise-Chrysantheme	März – A. Sep.	15 cm	4–12 Wo.	D
Dill	M. April – Juni	20 cm	6–8 Wo.	D
Kapuzinerkresse	E. April – M. Mai	20 cm	6–22 Wo.	D
Kerbel	März – A. Sep.	10 cm	6–8 Wo.	D
Koriander	März – April	30 cm	6–12 Wo.	V + D
Kresse	M. März – A. Sep.	10 cm	1–3 Wo.	D, L
Majoran	März – Mai	20 cm	8–16 Wo.	V + D, L
Oregano, Dost	März – Juni	30 cm	8–20 Wo.	V + D, L
Petersilie	März – E. Juni	20 cm	8–32 Wo.	V + D
Wurzelpetersilie	März – E. Mai	30 cm	19–23 Wo.	D
Ringelblume	März – E. Juli	20 cm	8–24 Wo.	D
Sauerampfer	März – Juni	20 cm	8–20 Wo.	V + D, L
Thymian	M. April – M. Mai	25 cm	8–24 Wo.	V + D, L
Zitronenmelisse	M. März – E. April	30 cm	12–24 Wo.	V + D, L

*) V = Vorziehen: Die Pflanzen werden in Saatschalen ausgesät und einige Zeit später durch Pikieren vereinzelt (siehe auch Seite 24)
D = Direktsaat: Die Pflanzen werden direkt an Ort und Stelle ausgesät (siehe auch Seite 24)
L = Lichtkeimer: Lichteinfluss fördert die Keimung. Die Samen daher nur flach aussäen. Sie dürfen nur leicht mit Erde oder Sand bedeckt werden.

Adressen, die Ihnen weiterhelfen

Bezugsquellen

Deaflora
Dr.-Wolff-Str. 6
14542 Werder / Havel OT Glindow
Tel.: 0 33 27 / 57 15 19
www.deaflora.de
(Erdbeeren, Obststräucher, Saatgut)

Garten und Gabel
Lassdrift 1a
21129 Hamburg
Tel.: 0 40 / 74 28 680
www.gartenundgabel.de
(Internetshop mit Bio-Saatgut, Beettaschen, Weiden-
boxen, Aussaatkisten, Bewässerungssystemen,
Aussaaterde und Gartengeräten)

Rühlemanns
Auf dem Berg 166
27367 Horstedt
Tel.: 0 42 88 / 92 85 58
www.ruehlemanns.de
(Küchenkräuter, Kräuter)

Herb's Bioland Gärtnerei
Stedinger Weg 16
27801 Dötlingen OT Nuttel
Tel.: 0 44 32 / 94 00 3
www.herb-s.de
(Kräuter, Küchenkräuter in Bioqualität)

Dreschflegel GbR
In der Aue 31
37213 Witzenhausen
Tel.: 0 55 42 / 50 27 44
www.dreschflegel-saatgut.de
(Versand von Bio-Saatgut)

Bingenheimer Saatgut AG
Kronstraße 24,
61209 Echzell-Bingenheim
Tel.: 0 60 35 / 18 99 0
www.bingenheimersaatgut.de
(Bio-Saatgut)

Staudengärtnerei Gaißmayer
Jungviehweide 3
89257 Illertissen
Tel.: 0 73 03 / 25 8
www.staudengaissmayer.de
(Saatgut, Küchenkräuter, Kräuter und Lavendel –
alles in Bioqualität)

Schweiz:

Häberli Fruchtpflanzen AG
CH-9315 Neukirch-Egnach
Tel.: + 41 / (0) 71 / 47 47 07 0
www.haeberli-beeren.ch
(Erdbeeren, Obststräucher)

Weiterführende Adressen

Prinzessinnengarten am Moritzplatz
Prinzenstrasse 35–38 / Prinzessinnenstrasse 15
U-Bahn Moritzplatz
10968 Berlin
www.prinzessinnengarten.net

VEN (Verein zur Erhaltung der Nutzpflanzenvielfalt e.V.)
Geschäftsstelle
Uhlandstraße 57
45468 Mülheim an der Ruhr
Tel.: 0 20 8 / 74 04 99 25
www.nutzpflanzenvielfalt.de
(Saatgut alter Gemüsearten)

Weiterführende Literatur

Bodensteiner, Susanne; Hess Reinhard; Westermann, Jan-Peter; Buroh, Nikolai: Kräuter besonders einfach. Gräfe und Unzer-Verlag, München 2005

Boros, Georges: Unsere Küchen- und Gewürzkräuter. Verlag Eugen Ulmer, Stuttgart 1981.

Breckwoldt, Michael: Essen aus der Natur. Kräuter, Beeren, Pilze sammeln und verwerten. Stiftung Warentest, Berlin 2011.

Buchholz, Frank: Kräuterküche, Kräutergarten. Gräfe und Unzer-Verlag, München 2001

Conran, Terence: Chef's Garden. Conran Octopus, London 1999.

Fischer, Eva und Valentin: Gesundes aus dem eigenen Garten. BLV-Buchverlag, München 1998.

Heistinger, Andrea; Arche Noah: Handbuch Bio-Gemüse. Verlag Eugen Ulmer, Stuttgart 2010.

Heynitz, Krafft von; Merckens, Georg: Das biologische Gartenbuch. Verlag Eugen Ulmer, Stuttgart 1994.

Jeunes Restaurateurs: Gemüse, Kräuter & Salate. Deutschlands junge Spitzenköche. Mosaik Verlag, 2001.

Klaphake, Ute; Lüdemann, Karin; Jensen, Dierk: Reichtum ernten. Franck-Kosmos Verlag, Stuttgart 2009.

Körber-Grohne, Udelgard: Nutzpflanzen in Deutschland. Kulturgeschichte und Biologie. Konrad Theiss Verlag, Stuttgart 1994.

Kreuter, Marie-Luise: Kräuter & Gewürze aus dem eigenen Garten. BLV Buchverlag, München 2009.

Lagoda, Martin; Snowdon, Bettina: Sehr gut haltbar machen. Stiftung Warentest, Berlin 2011.

Larkcom, Joy: Der Grünkostgarten. Mosaik Verlag, München 1986.

McVicar, Jekka: Essbare Blüten. BLV Buchverlag, München 1998.

McVicar, Jekka: Kräuter. Dorling Kindersley, London 2002.

Müller, Christa: Urban Gardening. Über die Rückkehr der Gärten in die Stadt. Oekom Verlag, München 2011.

Obama, Michelle: You Tube-Video, veröffentlicht unter: http://www.ecoversity.org/tv/tv-Pollan-Michelle_garden.html

Pollen, Michael: Lebens Mittel. Eine Verteidigung gegen industrielle Nahrung und den Diätwahn. Arkana Verlag, München, 2009.

Pollen, Michael: »Die Zivilisation begann mit Kochen«. Spiegel-Gespräch. In: Der Spiegel Wissen, Was wirklich gesund ist: Frischer Essen, Nr. 3, 2009, S. 120–125.

Radziewsky, Elke von/Holzenleuchter, Jürgen: Der Selbstversorger Garten. BLV-Buchverlag, München 2011.

Vivante, Terre (Hrsg.): Natürlich konservieren. Ökobuch Verlag, Freiburg 2005.

Voitl/Guggenberger/Willi: Das große Buch vom biologischen Land- und Gartenbau. Wien 1980.

Wonneberger, Christoph; Keller, Fritz: Gemüsebau. Verlag Eugen Ulmer, Stuttgart 2004

Stichwortverzeichnis

Begriffe mit * verweisen auf Abbildungen.

Bildnachweis

Baumjohann: 23
Breckwoldt: 10, 26, 34, 35, 41r, 42, 60, 106, 107, 108, 109
Flora Press/Biosphoto: 49, 73
Flora Press/Botanical Images: 100
Flora Press/GAP Photos: 4l, 15ul, 17l, 17r, 24, 38, 48r, 51, 52, 54, 55, 59r, 61, 67l, 69, 92, 96, 104, 105
Flora Press/Visions: 75l
GAP Photos: 14, 36, 53, 110
GAP Photos/Victoria Firmston: 1
Gary K. Smith/FLPA/The Garden Collection: 20
Liv Friis Iarsen – Fotolia.com: 115
Meyer-Rebentisch: 62, 67r
Nicola Stocken Tomkins/The Garden Collection: 11
Reinhard: 18, 41l, 46, 48l
Rothe: 5r, 8, 27, 56, 71

Brigitte/Schütz: 6, aus Brigitte-Buch: Grundkurs grüner Daumen (Diana-Verlag)
»Selbst ist der Mann«: 19
StockFood.com/Brauner M.: 116
StockFood.com/Burgess Linda: 117
StockFood.com/Hrbkova Alena: 113
StockFood.com/Strauß F.: 112, 118
Strauß: 2/3, 4r, 5l, 9, 12, 16r, 27, 28, 31, 32, 33, 40, 43, 45, 50, 57, 58, 59l, 63, 64, 65, 66, 70, 72, 74, 75r, 76, 77, 78, 79, 80, 81, 82, 83, 84, 85, 86, 87, 88, 89, 90, 91, 92, 93, 94, 95, 97, 98, 99, 101, 102, 119
Yvonne Bogdanski – Fotolia.com: 114
www.bacsac.fr: 10
www.burgonandball.com: 15o, 15ur, 16l
www.gardena.de: 30l
www.westfalia.de: 30r

© Sabrina Rothe

Über den Autor

Michael Breckwoldt hat Gartenbau sowie Philosophie und Literaturwissenschaft studiert und verfügt über eigene praktische Erfahrung in der Anlage von Gärten sowie in der Baumschul-Arbeit. Nach dem Studium machte er sich als Journalist und Autor selbstständig. Für einige Jahre leitete er das Gartenressort der erfolgreichen Lifestyle-Zeitschrift Living at home (Gruner+Jahr), seit 2007 ist er zusammen mit dem Food-Journalisten Martin Lagoda als freier Buch- und Magazinautor tätig und betreut zudem die Website Garten und Gabel.

Mehr Informationen unter: www.gartenundgabel.de.

Impressum

Bibliografische Information der Deutschen Nationalbibliothek

Die Deutsche Nationalbibliothek verzeichnet diese Publikation in der Deutschen Nationalbibliografie; detaillierte bibliografische Daten sind im Internet über http://dnb.d-nb.de abrufbar.

2. Auflage

BLV Buchverlag
GmbH & Co. KG

80797 München

© 2014 BLV Buchverlag GmbH & Co. KG, München

Umschlagkonzept: Kochan & Partner, München
Umschlagfotos:
Vorderseite: Friedrich Strauß
Rückseite: Hans Reinhard

Programmleitung Garten: Dr. Thomas Hagen
Lektorat: Eva Puchtinger
Herstellung: Ruth Bost
DTP: Satz+Layout Fruth GmbH, München

Gedruckt auf chlorfrei gebleichtem Papier

Printed in Germany
ISBN 978-3-8354-0924-8

Das Werk einschließlich aller seiner Teile ist urheberrechtlich geschützt. Jede Verwertung außerhalb der engen Grenzen des Urheberrechtsgesetzes ist ohne Zustimmung des Verlags unzulässig und strafbar. Das gilt insbesondere für Vervielfältigungen, Übersetzungen, Mikroverfilmungen und die Einspeicherung und Verarbeitung in elektronischen Systemen.

Hinweis
Das vorliegende Buch wurde sorgfältig erarbeitet. Dennoch erfolgen alle Angaben ohne Gewähr. Weder Autoren noch Verlag können für eventuelle Nachteile oder Schäden, die aus den im Buch vorgestellten Informationen resultieren, eine Haftung übernehmen.

Duft und Würze aus dem Kräutergarten

Mein Kräuterbuch
Marie-Luise Kreuter
DAS ORIGINAL

Marie-Luise Kreuter
Mein Kräuterbuch
Der Klassiker von Marie-Luise Kreuter, komplett überarbeitet und mit neuem Layout · Anlage eines Kräutergartens und ausführliche Porträts aller wichtigen Kräuter und Gewürze · Ernte, Aufbewahrung, empfehlenswerte Sorten · Die Verwendung in Küche, Kosmetik und Hausapotheke einst und heute – mit Rezepten.
ISBN 978-3-8354-0885-2

www.blv.de